Helmut Krätzl
Meine Kirche im Licht der Päpste

Helmut **Krätzl**

Meine Kirche im Licht der Päpste

Von Pius XII. bis Franziskus

Mit Beiträgen von Hubert Gaisbauer,
Karl-Josef Rauber, Alfons Nossol und
Ivo Fürer

Tyrolia-Verlag · Innsbruck-Wien

Bildnachweis:
Archiv Helmut Krätzl: S. 100 unten, 104, 108 unten, 111 unten
Archiv Verlagsanstalt Tyrolia: S. 11, 31, 51, 79, 87, 97–99, 100 oben, 101–103,
105–107, 108 oben, 109–110
Kathbild.at / Christoph Hurnaus: S. 139, 177
Wikimedia Alfredo Borba: S. 112
Wikimedia Ricardo Stuckert/PR-Agencia Brasil: S. 111 oben

Mitglied der Verlagsgruppe „engagement"

© 2016 Verlagsanstalt Tyrolia, Innsbruck
Umschlaggestaltung: stadthaus 38, Innsbruck
Layout und digitale Gestaltung: Tyrolia-Verlag, Innsbruck
Lithografie: Artilitho, Lavis (I)
Druck und Bindung: CPI books GmbH, Leck (D)
ISBN 978-3-7022-3554-3
E-Mail: buchverlag@tyrolia.at
Internet: www.tyrolia-verlag.at

Inhalt

Vorwort

Am 29. Juni 2014 feierte ich mein Diamantenes Priesterjubiläum. Bei der Dankmesse hielt ich selbst die Predigt. Ich dachte dabei an die Päpste, die ich in meinen 60 Priesterjahren erlebt hatte, von Pius XII. bis zum jetzigen Papst Franziskus. Im Hinblick auf meinen 85. Geburtstag am 23. Oktober 2016 und mein 40-jähriges Bischofsjubiläum am 20. November 2017 wollte ich nun diese Erinnerungen in einem Buch vertiefen. In den letzten Jahren sind mehrere Bücher über die letzten Päpste erschienen. Allen voran porträtierte Marco Politi, wohl einer der besten Vatikankenner, sehr ausführlich und kritisch Benedikt XVI. und zusammen mit Carl Bernstein Johannes Paul II., zuletzt sogar etwas sorgenvoll Papst Franziskus in seinem Buch „Franziskus unter Wölfen". Alle sieben Päpste beschrieb in sehr persönlicher Weise der Schweizer Theologe Hans Küng. Der Kirchenhistoriker Jörg Ernesti schrieb eine sehr profunde Biographie von Paul VI., und Josef Gelmi stellte Franziskus als „Gegenbild zur Vergangenheit" hin. Man warnte mich, im Kreise dieser prominenten Autoren noch ein Buch über die letzten Päpste zu schreiben. Ich glaube aber, aus meinen sehr persönlichen Begegnungen mit einigen dieser Päpste und aus der langjährigen Erfahrung in der Bischofskonferenz über die Päpste, die ich erlebt habe, und vor allem über das Verhältnis der einzelnen Päpste zur Kirche in Österreich doch einige Ergänzungen geben zu können.

Bei den Recherchen für dieses Buch kam mir der Gedanke, auch andere Zeitzeugen aus meinem Bekanntenkreis zu Wort kommen zu lassen. Hubert Gaisbauer, mit dem ich schon einige Bücher gemeinsam gestalten durfte, bat ich, über Johannes XXIII. etwas zu schreiben. Er hat selbst schon zwei sehr eindrucksvolle Bücher über ihn verfasst und ergänzt in seiner bilderreichen Sprache meine Darlegungen. Überdies hatte er bis knapp vor dessen Tod persönlichen Kontakt zu Kardinal Loris F. Capovilla, dem ehemaligen Sekretär von Johannes XXIII., gehalten.

Persönliche Erinnerungen an Paul VI. erbat ich von Kardinal Karl-Josef Rauber. Wir hatten gemeinsam Kirchenrecht in Rom studiert. Er schlug dann die diplomatische Laufbahn ein und war Sekretär von Erzbischof Giovanni Benelli, der eine wesentliche Rolle im Pontifikat von Paul VI. gespielt hat.

Wie ein polnischer Bischof die Auswirkung der Regentschaft von Johanns Paul II. auf Polen und die Weltkirche sieht, habe ich Alfons Nossol, den ehemaligen Bischof von Oppeln, gefragt. Uns verbindet eine lange gute Freundschaft.

Wie durch Zufall erfuhr ich, dass sich um Kardinal Carlo Martini, dem ehemaligen Präsidenten des Rates der Europäischen Bischofskonferenzen, und dem Generalsekretär dieses Rates Ivo Führer ein Bischofskreis gebildet hatte, der zuerst Wege zu einer Beschleunigung notwendiger Erneuerungen in der Kirche suchte und sich gegen Ende des Pontifikates von Johannes Paul II. Gedanken über einen geeigneten Nachfolger machte. Ivo Fürer, der spätere Bischof von St. Gallen, ist ebenfalls ein Studienkollege von mir in Rom, und ich bat ihn, mir Informationen über diesen Bischofskreis in St. Gallen zukommen zu lassen. Er schickte mir ein sehr interessantes Dossier mit der Genehmigung, es in diesem Buch zu veröffentlichen. Der St.

Gallener Kreis hat damals eine Alternative zu Joseph Ratzinger gesucht, der im Konklave nach dem Tod von Johannes Paul II. eine starke Gruppe hinter sich hatte.

Was ich in 62 Priesterjahren und 40 Bischofsjahren in der Kirche erleben durfte, erfüllt mich mit großer Dankbarkeit. Den Weg der Kirche jetzt unter Papst Franziskus möchte ich in großer innerer Anteilnahme mit meinen Gebeten begleiten und vielleicht noch auf mancherlei Weise Menschen, besonders Jugendlichen, Freude an dieser Kirche vermitteln und Mut machen, sich für sie einzusetzen. Ich würde mich freuen, wenn auch dieses Buch dazu verhilft.

Wien, im September 2016   Helmut Krätzl

Pius XII.	Eugenio Pacelli
2. März 1876	Geboren in Rom
2. April 1899	Priesterweihe
1901	Promotion zum Dr. theol.
1902	Promotion zum Dr. iur. can.
1903–1917	Diverse Aufgaben an der Kurie und Lehrtätigkeit an den päpstlichen Universitäten und Akademien
1917–1929	Nuntius in Deutschland mit Sitz zunächst in München, ab 1925 in Berlin
13. Mai 1917	Weihe zum Titularerzbischof von Sardes
16. Dezember 1929	Erhebung zum Kardinal
7. Februar 1930	Ernennung zum Kardinalstaatssekretär durch Papst Pius XI.
5. Juni 1933	Konkordat mit der Republik Österreich
8. Juli	Reichskonkordat mit der nationalsozialistischen Regierung Deutschlands
2. März 1939	Wahl zum Papst
1. November 1950	Proklamation des Dogmas von der leiblichen Aufnahme Mariens in den Himmel
9. Oktober 1958	Gestorben in Castel Gandolfo

Pius XII.
1939–1958

Der Papst, mit dem die „pianische" Ära endete

Pius XII. war der erste Papst, den ich bewusst erlebte, und er prägte auch mein erstes Kirchenbild.

Eine machtvolle Kirche, die mich begeisterte

Unter dem Pontifikat von Pius XII. bin ich in eine sehr lebendige Pfarrgemeinde hineingewachsen. Es war dies St. Ulrich im 7. Wiener Gemeindebezirk, damals von den Steyler Missionaren aus St. Gabriel bei Wien geleitet. In dieser Pfarre wurde ich getauft, lernte ministrieren, und es entstand eine tiefe Liebe zur Eucharistie. Und das in der Zeit des Nationalsozialismus mit oft massivem Druck von außen. Aber gerade das verstärkte bei uns Jugendlichen die Beziehung zur Kirche.

Später imponierte mir, wie machtvoll die Kirche nach dem Ende des Zweiten Weltkrieges 1945 in der Öffentlichkeit wahrgenommen wurde. Die Staatsmänner, die Europa nach dem Krieg wieder aufbauten, waren vielfach praktizierende Katholiken, darunter Konrad Adenauer in Deutschland, dessen Sohn Priester wurde, oder Robert Schuman in Frankreich. Die Flagge des Europarates hat zwölf Sterne. Eine inoffizielle Interpretation lautet, die Vorlage dafür sei ein Zitat aus der Offenbarung des Johannes 12,1, wo es heißt: „Und es erschien ein großes Zeichen am Himmel. Eine Frau, mit der Sonne bekleidet, und der Mond unter ihren Füßen und auf ihrem Haupt eine Krone mit zwölf Sternen." Diesen Zusammenhang erklärte jedenfalls Arséne Heitz, vermutlich ein Mitgestalter der Flagge, in einem 2004 in der Zeitschrift „Lourdes" erschienenen Interview.

Den Wiederaufbau Österreichs gestalteten maßgeblich Julius Raab, Leopold Figl, Felix Hurdes und Leopold Kunschak mit, alle überzeugte und praktizierende Katholiken. Bundeskanzler Raab erzählte uns, dass er seine Gattin immer nach Mariazell zum Beten schickte, wenn er zu den heiklen Staatsvertragsverhandlungen nach Moskau fahren musste. Die Kirche war in allen öffentlichen Bereichen präsent und mitgestaltend.

1954 wurde ich in dieser machtvollen, begeisternden Kirche zum Priester geweiht. Übrigens wurden aus meiner Heimatpfarre St. Ulrich nach dem Krieg zehn Jugendliche ebenfalls Priester. Die Kirchen waren damals voll, die Jugend zog begeistert über die Straßen und sang Bekenntnislieder für Christus. In meiner naiven Frömmigkeit dachte ich, dass sich nun bald alle zur Kirche – und ich meinte natürlich die römisch-katholische – bekennen müssten.

Die Begeisterung für die Kirche ließ uns ihre Defizite übersehen

Das betraf vor allem die Erneuerung der Liturgie, die Ökumene, die Akzeptanz der neuen Methoden der Bibelexegese und eine Weiterentwicklung der so engen rigorosen Normenmoral. Längst hatte uns Pius Parsch, ein Chorherr von Klosterneuburg, gemahnt, dass die Messe keine reine Priesterliturgie sei, sondern die Feier der Gemeinde. Als ich 1956 Zeremoniär bei Erzbischof König wurde, erlebte ich, dass im Stephansdom jeden Tag in der Früh die Priester einzeln an einem Seitenaltar in einer Nische die Messe „lasen". Konzelebration gab es damals nicht. Am Land beteten die Leute während der Messe Rosenkranz, sodass ihnen Pius Parsch vorhielt: „Ihr sollt nicht *bei* der Messe beten, sondern *die* Messe beten." Die Messe sei keine „Priesterandacht", sondern die Feier des Gottesvolkes, der ganzen Gemeinde. Das verlange eine „tätige Teilnahme" der Gemeindemitglieder, aber auch eine Wortverkündigung in einer allen verständlichen Sprache. In der Kapelle zur hl. Gertrud in Klosterneuburg hat Pius Parsch das alles auch schon „ausprobiert". Aber in Rom wurden diese Experimente sehr kritisch gesehen.

In der Ökumene war alles Gemeinsame verboten, öffentliche Diskussionen oder gar gemeinsame Gottesdienste. Obwohl es weltweit schon seit geraumer Zeit ökumenische Versammlungen gab, war die römisch-katholische Kirche dort nie vertreten. Es gibt ja nur die eine wahre Kirche, und das ist die römisch-katholische, meinte man.

Die Bibelwissenschaft war in unserer Kirche weit zurück. Durch päpstliche Erlässe aus der Zeit Pius' X. waren die modernen Methoden der Bibelauslegung verboten. Die Bibelwissenschaft war uns auch nicht so wichtig, legten die Heiligen Schriften ohnehin das Lehramt und die Tradition aus. Auch bei der Messe war die Wortverkündigung nur „Vormesse". Das Eigentliche begann bei der Opferung mit dem Höhepunkt der Wandlung, so sagte man.

Die Moraltheologie war rigoros und kasuistisch. Die Norm stand im Vordergrund, nicht der Mensch und sein Gewissen. So vieles war unter schwerer Sünde verboten. So war eine versäumte Sonntagsmesse schon eine schwere Sünde. Und im sechsten Gebot galten schon Blicke und „unkeusche" Gedanken als solche.

Freilich hatte es damals innerkirchlich auch schon Bewegungen gegeben, die auf eine Erneuerung hinarbeiteten. Da gab es eine starke liturgische Bewegung, eine Bibelbewegung, eine wachsende ökumenische Zusammenarbeit. Und moralische Verpflichtungen wollte man eher aus der Schrift erheben als aus dürren Gesetzeswerken. Aber alle diese Bewegungen waren von Rom nicht anerkannt, sondern mussten Sanktionen fürchten.

Der „frühe" Pius XII. setzt Zeichen der Erneuerung

Es waren zunächst drei Enzykliken, die neue Wege wiesen, wenngleich sie für das Leben der Kirche nur wenig bewirkten. Dennoch waren sie eine Vorbereitung für das Zweite Vatikanische Konzil, wo vieles aufgegriffen wurde und weitergedacht werden konnte.

Die Enzyklika *Mystici Corporis* vom 29. Juni 1943

Mitten im Krieg und unter dem die Kirche bedrohenden NS-Regime kam diese Enzyklika heraus. Sie war für viele und besonders auch für uns Jugendliche befreiend.

Anstelle einer bisher stark juristisch gesehenen Institution erschien uns die Kirche jetzt als Gemeinschaft, in der wir selbst Glieder sind. Sie ist der „Leib Christi", dem wir „einverleibt" sind, und Christus ist das Haupt der Kirche. Es gibt nicht nur Ämter, sondern auch Charismen. Der Wert der Eucharistie wurde uns tiefer erschlossen. Sie ist das lebendige und wunderbare Bild der Einheit der Kirche. Gerade unter den „traurigen Verhältnissen, unter denen wir gegenwärtig leiden" – so aktuell formulierte die Enzyklika –, „kann ohne Zweifel das heilige Gastmahl, das nicht ohne göttliche Fügung in unserer Zeit von Kindheit auf wieder häufiger empfangen wird, die Quelle jener Seelenstärke werden, die nicht selten in der Christenheit auch Helden zu erwecken und zu erhalten vermag."

So gesehen hat *Mystici Corporis* eine große Wende in der Lehre von der Kirche eingeleitet. All das hat uns begeistert und erneut stolz auf diese Kirche gemacht.

Aber wer gehört zu dieser Kirche, zu diesem einen, ungeteilten Leib Christi? Die Frage stellten wir uns damals nicht, und doch muss die Enzyklika gerade auch nach ihren Aussagen dazu beurteilt werden. Die wahre Kirche Christi ist ihrem Wesen nach, so die Enzyklika, „die heilige, katholische, apostolische, römische Kirche". Was sind dann die anderen Christen außerhalb der römisch-katholischen Kirche? Der Papst wird noch deutlicher. Er lädt sie „mit liebendem Herzen" ein, „den inneren Antrieben der göttlichen Gnade freiwillig und freudig zu entsprechen und sich aus einer Lage zu befreien, in der sie des eigenen ewigen Heiles nicht sicher sein können. Denn mögen sie auch aus einem unbewussten Sehnen schon in einer Beziehung stehen zum mystischen Leib des Erlösers, so entbehren sie doch so vieler wirksamer göttlicher Gaben und Hilfen, deren man sich nur in der katholischen Kirche erfreuen kann." Also außerhalb der römisch-katholischen Kirche kein Heil?

Joseph Ratzinger hat sich in seinen Entwürfen zur Ekklesiologie[1] gerade mit dieser Aussage der Enzyklika ausführlich auseinandergesetzt. Er spricht von der mehrfachen Kritik an der rigorosen Gleichsetzung von „corpus Christi mysticum" mit römisch-katholischer Kirche und davon, dass beim Konzil gerade die ökumenisch gesinnten Bischöfe große Schwierigkeiten damit hatten. In der dogmatischen Konstitution über die Kirche heißt es nach eingehender Debatte dann auch: „Die einzige Kirche Christi ist *verwirklicht* (subsistit statt est) in der katholischen Kirche."[2] Und ergänzend sagten die Konzilsväter: „Das schließt nicht aus, dass außerhalb ihres Gefüges vielfältige Elemente der Heiligung und der Wahrheit zu finden sind, die als der Kirche Christi eigene Gaben auf die katholische Einheit hindrängen."

Pius XII. hat meine Liebe zur Kirche durch die Enzyklika *Mystici Corporis* gestärkt. Ökumene hat er mich aber nicht gelehrt. Die lernte ich erst von seinem Nachfolger und durch das Konzil.

Die Enzyklika *Mediator Dei* vom 20. November 1947

Die kirchenfeindlichen Aktivitäten der NS-Diktatur kamen erstaunlicherweise der liturgischen Erneuerung „zu Hilfe". Da alle kirchlichen Jugendverbände aufgelöst worden waren und kirchliche Jugendarbeit in der Freizeit untersagt war, trafen wir uns in den Pfarren jetzt hauptsächlich zu Jugendmessen. Die Liturgie musste die ganze Seelsorge tragen. Viele Diözesen in Deutschland drängten deshalb, bei den sakramentalen Feiern die Muttersprache verwenden zu dürfen.[3] Tatsächlich stellte Pius XII. schon 1942 in einem Brief an die beiden deutschen Liturgiebischöfe Albert Stohr von Mainz und Simon Konrad Landersdorfer von Passau die Verwendung der Muttersprache bei der Sakramentenspendung und in der Feier der Eucharistie in Aussicht. Gleichzeitig berief der Papst eine Arbeitsgruppe ein, die Vorarbeiten für eine generelle Liturgiereform ausarbeiten sollte.[4]

Im November 1947 veröffentlichte Pius XII. dann die Enzyklika *Mediator Dei*. Giovanni Battista Montini, der spätere Papst Paul VI., damals Erzbischof von Mailand, nannte sie eine „Magna Charta der liturgischen Erneuerung der Kirche". Sie war weitgehend im Sinne der liturgischen Bewegung. Dem Bild von *Mystici Corporis* entsprechend wird Liturgie als gemeinsames Handeln des einen Hohenpriesters Christus, des Hauptes, gemeinsam mit den Gliedern dieses Leibes verstanden. Das fordert die tätige und persönliche Teilnahme der Gläubigen am Gottesdienst. Die Enzyklika geht auf das liturgische Jahr und die Heiligenfeste ein und gibt eine Begründung für die eucharistische Anbetung. Insgesamt will sie die Seelsorge aus dem Geist der Liturgie fördern.

Die Enzyklika fand weltweit große Zustimmung. Das führte wohl auch dazu, dass unter den Themen, die am Konzil behandelt werden sollten, Liturgie an vorderster Stelle stand. Und die Konzilskonstitution *Sacrosanctum Concilium* ist weitgehend vom Geist dieser Enzyklika geprägt.

Pius XII. setzte in den 1950er-Jahren dann noch konkrete Schritte der Liturgieerneuerung: 1951 wurde die Ostervigil, die ich noch als Ministrant unverständlicherweise schon am Karsamstag in der Früh mitfeiern musste, in die Osternacht verlegt, und im Jahr 1955 wurde die ganze „heilige Woche" neu geordnet. Damit wurde die Osterliturgie auf ihre ursprüngliche Form zurückgeführt.

Die Enzyklika *Divino afflante Spiritu* vom 30. September 1943

Schon vier Jahre vor der Liturgieenzyklika hatte der Papst die Bahn freigegeben für eine moderne Bibelexegese. Die katholischen Bibelwissenschafter waren in ihrer Forschungsarbeit weitgehend durch die einengenden Erlässe behindert, welche die Bibelkommission in den Jahren 1906, 1908 und 1909 unter päpstlicher Zustimmung (Pius X.) erlassen hatte. Jetzt aber wurden die neuen Methoden der Bibelauslegung, die bei den evangelischen Exegeten längst üblich waren, erlaubt, ja sogar verpflichtend gemacht. Genannt wurden die Unterscheidung der literarischen Gattungen der einzelnen Schriften, die Erhebung des Literalsinnes, die Berücksichtigung der umweltbedingten Denk-, Sprach- und Erzählungsformen, die Verfasserfrage, die Anwendung der historisch-kritischen Methode bei der Auslegung, die Erarbeitung einer aus der Gesamtschau der Bibel kommenden Theologie. Hans Küng meint dazu, die Enzyklika sei wesentlich vom Rektor des Bibelinstitutes, P. Augustin Bea SJ, inspiriert worden.[5]

In meinem Theologiestudium wurde diese Enzyklika zwar erwähnt, aber Konsequenzen für die Exegese habe ich keine erlebt. Als ich von 1949 bis 1954 an der katholisch-theologischen Fakultät der Universität in Wien studierte, hörte ich bloß eine langweilige Wortexegese, angereichert durch einige Realien, aber nichts mit einem bibeltheologischen Tiefgang. Dabei rühmte sich unser Professor für Neues Testament, er habe in Berlin auch bei evangelischen Exegeten Vorlesungen gehört. Haben vielleicht konservative Kreise manchen Professoren Angst gemacht und so einen Fortschritt in der Exegese verhindert? Unter welchem Einfluss stand der Papst?

Die zweite Hälfte des Pontifikates zeigt einen veränderten Papst

Das Pontifikat Pius' XII. war zweigeteilt. In der ersten Hälfte gab er selbst Anstöße zur Erneuerung der Kirche, wie die drei eben dargelegten Enzykliken zeigen. Abgesehen von der Weiterführung der Liturgieerneuerung zeigten sich aber ab 1950 mit der Enzyklika *Humani generis* wieder restaurative Tendenzen.

Die Enzyklika *Humani generis* vom 12. August 1950

Humani generis wandte sich gegen „einige Auffassungen, welche die Grundlagen der katholischen Lehre auszuhöhlen drohen", wie es wörtlich hieß. Disziplinäre Maßnahmen vor der Enzyklika zeigten, gegen welche Personen und welche Theologie sie gerichtet war. Henri de Lubac wurde in Lyon als Theologieprofessor abgesetzt. Auch gegen Jean Daniélou wurde vorgegangen. Zusammen mit Yves Congar waren sie Vertreter der sogenannten *Nouvelle Théologie*, die nach dem Zweiten Weltkrieg im französischen Raum die durch die Antimodernismuskampagne seit Pius X. stark eingeengte Theologie wieder zur freien Entfaltung bringen wollte. Die Enzyklika wandte sich nicht nur gegen neuere Strömungen in der Theologie, sondern auch in der Philosophie. Als Gegengewicht wurde die Bedeutung des päpstlichen

Lehramtes betont. Vor einer Relativierung der Scholastik wurde gewarnt, wobei man aber die Neuscholastik meinte, die nun die einzige erlaubte Theologie war. Damit wurde aber die intellektuelle Kraft aus dem Thomismus genommen. Ich glaube, das meinte Papst Franziskus, wenn er in seinem Interview mit dem Jesuiten Antonio Spadaro am 19. August 2013 sagte: „Die Kirche hat Zeiten der Genialität gehabt – etwa die Zeit des Thomismus. Aber sie erlebte auch Zeiten der Dekadenz des Denkens. So dürfen wir zum Beispiel nicht die Genialität der thomistischen Theologie mit dem dekadenten Thomismus verwechseln."[6] Und er bedauert, dass er Philosophie aus den Handbüchern des dekadenten Thomismus studieren musste. Obwohl ich sechs Jahre älter bin als Franziskus, habe ich wohl aus denselben Handbüchern studiert. Es war eine Theologie, die kaum mein Interesse weckte. Später habe ich aber Gott sei Dank noch zweimal neu Theologie studiert: einmal im Hinblick auf mein theologisches Doktorat mit einem biblischen Thema und dann durch die Texte des Konzils, die ich schriftlich und mündlich unermüdlich zu erklären versuchte.

Die nachhaltig negative Auswirkung von *Humani generis*

Zunächst hat diese Enzyklika die Forschung und damit den Fortschritt in der Theologie gewaltsam gehemmt. Sie hat selbst die Öffnung zu moderner Bibelwissenschaft, wie sie 1943 *Divino afflante Spiritu* ermöglicht hatte, wieder zurückgenommen. Mit der Einengung auf die Neuscholastik hat die Kirche die Möglichkeit verloren, Verkündigung und theologischen Dialog in einer Sprache zu vollziehen, wie sie eine sich rasch entwickelnde Gesellschaft gebraucht hätte.

Zum anderen weiteten sich die Sanktionen gegen selbstständig denkende Theologen aus. Lehrtätigkeit und Publikation wurden ihnen oft rigoros verboten. Das reichte bis zum Anfang des Konzils. Als Kardinal König 1962 P. Karl Rahner SJ bat, ihn als theologischen Berater zu begleiten, lehnte dieser zunächst ab, weil er gerade eine Voruntersuchung bei der Glaubenskongregation laufen hatte. König bestand aber darauf und sagte einmal privat: „Ich habe darüber auch mit Papst Johannes XXIII. gesprochen." Dass dann beim Konzil die vormals zensurierten Theologen, besonders jene aus Deutschland, Holland und Frankreich, eine so entscheidende Rolle bei der Überarbeitung der zunächst konservativ entworfenen Dokumente spielten, haben wir Johannes XXIII. und dem Mut vieler Bischöfe zu verdanken.

Wie eine späte Wiedergutmachung sahen wir es dann an, dass Paul VI. am 28. April 1968 Jean Daniélou zum Kardinal ernannte und Johannes Paul II. am 26. November 1994 Yves Congar. Allerdings war dieser damals schon 90 Jahre alt.

Pius XII. in seinem Verhältnis zu Österreich

Was die Beziehung von Papst Pius XII. zu Österreich betrifft, sind mir zwei Ereignisse besonders lebendig in Erinnerung geblieben: die Ernennung von Franz Jachym zum Erzbischof-Koadjutor und die Verhandlungen über die Anerkennung des Konkordates von 1934.

Die Causa Jachym

Am 20. Jänner 1950 wurde Franz Jachym, unser Professor für Moraltheologie an der katholisch-theologischen Fakultät der

Universität Wien, zum Titularerzbischof von Maronea und zum persönlichen Koadjutor von Kardinal Theodor Innitzer ernannt. Wir Studenten drängten uns an diesem Tag in den Hörsaal, wo er Vorlesung hatte, um den neuen Bischof zu sehen. Innitzer war über die Ernennung gekränkt. Er war zwar schon 80 Jahre alt (eine Altersbegrenzung bzw. eine Verpflichtung zum Rücktritt gab es damals im Kirchenrecht noch nicht), fühlte sich aber körperlich wohl und war gerne Bischof von Wien. Noch dazu war Jachym sieben Jahre lang sein Zeremoniär gewesen. In Rom war Innitzer aber nicht gut angeschrieben. Man hatte ihm sein „Heil Hitler" von 1938 noch immer nicht verziehen. Nun sollte Jachym als sein Koadjutor mit so vielen Vollmachten ausgestattet werden, dass Innitzer Wichtiges nicht mehr allein entscheiden konnte. Nach dem damaligen Kirchenrecht traten die Vollmachten mit der Ernennung sofort in Kraft und nicht, wie heute, erst bei der Weihe.

Diese sollte am 23. April 1950 stattfinden. Ich war damals Alumne im Wiener Priesterseminar und natürlich sehr neugierig auf die Weihe im Dom. Das Unterrichtsministerium wollte einen Lehrfilm über die Bischofsweihe drehen, weshalb man – wie damals üblich – riesige Scheinwerfer installierte, die den Dom grell ausleuchteten. Nach der Verlesung der Ernennungsbulle erklärte Jachym – zuerst auf Latein, dann auf Deutsch –, er fühle sich „für das hohe Bischofsamt nicht genug geeignet", bitte, zurücktreten zu dürfen, und forderte Kardinal Innitzer auf, die Messe mit dem Allelujavers fortzusetzen.[7] Er selbst verließ den Dom durch einen der Seiteneingänge, wo schon ein von ihm bestelltes Auto wartete. Er fuhr in seine Wohnung bei den Barmherzigen Schwestern im 6. Bezirk und setzte die Messe dort allein fort. Im Dom herrschte helle Aufregung. Die Filmleute drehten ihre

Scheinwerfer ab, sodass es uns plötzlich stockdunkel erschien. Innitzer hört man auf einer Tonbandaufnahme halblaut zu seiner Umgebung sagen: „Holt ihn doch zurück!" Über den Grund des Rücktrittes wurde gerätselt. Ich glaube ihn zu erraten. Innitzer hat zwischen der Ernennung und der Weihe Jachyms, ohne diesen zu fragen, Jakob Weinbacher zum Generalvikar ernannt, was Jachym als Missachtung seiner Vollmachten empfand

Der Rücktritt war ein Eklat sondergleichen und wurde von der ganzen Weltpresse kolportiert. Pius XII. war immer besonders um das Decorum clericale bemüht. Wir meinten, dieser Rücktritt müsse ihn zutiefst getroffen und verärgert haben. Umso erstaunter waren wir, dass kurz darauf aus Rom die Anweisung kam: „Der Priester Franz Jachym ist zum Bischof zu weihen." Dies geschah dann auch am 19. Mai 1950 in der Kirche Santa Maria dell'Anima in Rom. Die Bischofsweihe erteilte wieder Kardinal Innitzer zusammen mit Bischof Michael Keller aus Münster und dem Rektor der Anima Bischof Alois Hudal. Dass Pius XII. Jachym diesen Eklat verzieh und sich offenbar weiterhin für dessen Laufbahn engagierte, war für uns ein Zeichen, wie sehr der Papst Jachym schätzte.

Fünf Jahre später, am 9. Oktober 1955, starb Kardinal Innitzer. Jachym wurde am 10. Oktober vom Domkapitel zum Kapitelvikar gewählt. Für alle galt Jachym als einzig möglicher Nachfolger. Am 10. Mai 1956 wurde aber der damalige Weihbischof von St. Pölten Franz König vom Papst zum Erzbischof von Wien ernannt. Was hatte den Papst dazu bewogen, Jachym zu übergehen?

In Wien war es ein offenes Geheimnis, dass eine Intervention von politischer Seite zumindest mitgewirkt hat. Jachym hatte sich in seiner mutigen und offenen Weise mehrmals kritisch zu politischen Entscheidungen, auch der ÖVP, geäußert. Im Namen der Bischofskonferenz hat er 1955 ein Weißbuch verfasst. Darin warf er der Bundesregierung vor, die vertraglichen Verpflichtungen gegenüber der Kirche, die seit dem Konkordat von 1934 bestanden, nicht einzuhalten.[8] Obwohl Jachym dies im Auftrag der Bischofskonferenz tat, wusste man, dass er selber mit seiner offenen, kritischen Haltung völlig dahinterstand.

Besonderen Ärger erregte wenig später ein Vortrag, den Jachym im Jänner 1956 bei einer Tagung des Katholischen Familienverbands in Anwesenheit von ÖVP-Politikern hielt. Dort „geißelte er mit scharfen Worten den herrschenden Wohnungswucher, der als Folge der durch die ÖVP erfolgten Änderungen des Wohnungsanforderungsgesetzes um sich griff"[9]. Die sozialistische Arbeiterzeitung kommentierte am 17. Jänner: „Erzbischof Jachym verurteilt die Wohnungspolitik der ÖVP." Es gibt ein von der ÖVP nie dementiertes Gerücht, Bundeskanzler Raab habe seinen Sekretär Dr. Franz Karasek nach Rom geschickt, um auszurichten: „Jachym wollen wir nicht!" Man hat dann zur Verstärkung noch den Grandseigneur der katholischen Presse Friedrich Funder nachgeschickt, da dieser sehr viel Einfluss in Rom hatte.

Rückblickend ist mir unverständlich, wie sich Pius XII., der eine so selbstbewusste und autoritäre Persönlichkeit war und sonst keinen Einfluss des Staates auf die Kirche duldete, damals offenbar leicht beeinflussen ließ. Dazu kommt, dass König nach seiner Ernennung, wie er einmal in hohem Alter erzählte, sofort nach Rom geflogen sei und den Papst gebeten habe, von seiner Bestellung Abstand zu nehmen, aber ohne Erfolg.[10]

Das Konkordat

Als ich am 4. November 1958 zur feierlichen Krönung des neuen Papstes Angelo Giuseppe Roncalli in Rom war, sagte ein hochrangiger deutscher Prälat aus dem Staatssekretariat zu mir: „Der verstorbene Papst war mit der Politik in Österreich gar nicht zufrieden. Ihr werdet daher auch keinen Kardinal bekommen." Der Grund war wohl der Unmut über die schleppenden Verhandlungen zur Anerkennung des Konkordates von 1933/34. Das Konkordat war 1933 von der Dollfußregierung zu einem Zeitpunkt verhandelt und unterzeichnet worden, als die Sozialdemokraten aus dem Parlament ausgeschlossen waren. Der spätere Papst Pius XII. hatte das Konkordat damals als Staatssekretär mitunterzeichnet, und am 1. Mai 1934 war es in Kraft getreten.

Nach 1945 kam es in der österreichischen Innenpolitik zum Streit um die Anerkennung dieses Konkordates. Österreich sei 1938 besetzt worden, argumentierten die einen, seine Rechtspersönlichkeit sei unangetastet geblieben, und so gelten alle Verträge aus der Zeit davor weiter, auch das Konkordat. Die anderen sagten, Österreich sei annektiert worden und daher „untergegangen" und 1945 als neuer Staat wieder erstanden, frei von allen Bindungen an frühere Verträge. Der Streit war heftig und dauerte Jahre. Papst Pius XII. war ungehalten, hatte er doch seinerzeit den Vertrag mitunterschrieben. Rudolf Kirchschläger, der spätere Bundespräsident und damals Leiter des Völkerrechtsbüros des Außenministeriums, weiß zu berichten, dass Bundeskanzler und Unterrichtsminister in Audienzen beim Heiligen Vater sehr hart getadelt wurden, „dass sie unfähig seien, sich gegenüber den Sozialisten durchzusetzen". Er weiß auch, dass sich der damalige Nuntius in Österreich Erzbischof

Giovanni Dellepiane in den entscheidenden Jahren immer wieder in die Auseinandersetzungen eingeschaltet hatte, „einmal argumentierend, ein anderes Mal fast beschwörend und gelegentlich auch vom heiligen Zorn geprägt"[11]. Schließlich wurde eine sogenannte Verbalnotenlösung erzielt: Österreich erkannte völkerrechtlich die Gültigkeit des Konkordates an, der Heilige Stuhl aber war bereit, über einzelne Vertragsmaterien neu zu verhandeln.

Angesichts dieser tadelnden Haltung des Papstes gegenüber Bundeskanzler Julius Raab war es dann doch verwunderlich, dass er offenbar gerade auf Intervention dieses Kanzlers Franz König und nicht Franz Jachym zum Nachfolger von Kardinal Innitzer ernannte.

Mit dem Tod Pius XII. endete eine Ära des Papsttums

Kirchenhistoriker nennen die Zeit von Pius IX. bis Pius XII., also die Jahre von 1846 bis 1958, auch die „pianische Ära". Wenn es in dieser Zeit auch Reformversuche der Päpste gab, etwa unter Pius X. (1903–1910) die Reform des Kirchenrechtes, oder wichtige Anstöße zur Liturgiereform, so wuchs doch in dieser Zeit der Zentralismus, wurden die päpstliche Vollmacht stärker betont und die theologische Forschung eingeschränkt.

1864 war unter Pius IX. der sogenannte *Syllabus* herausgekommen, eine Sammlung von 80 Sätzen, in denen Irrtümer genannt wurden, die der Papst in verschiedenen Verlautbarungen geächtet hatte. Im Ersten Vatikanischen Konzil von 1869/70 drängte Pius IX. gegen vielfachen Widerstand der Konzilsväter auf die Definition der Unfehlbarkeit des Papstes und des Jurisdiktionsprimates. Schon 1854 hatte er „ex cathedra" das Dogma der Unbefleckten Empfängnis Mariens verkündigt. Pius X. kämpfte gegen den „Modernismus". Gemeint waren Meinungen von Theologen, die über die engen Grenzen der Neuscholastik hinausgingen. Vor allem gab es auch strenge Richtlinien für die Bibelwissenschaft. Bis in meine Zeit mussten wir vor der Übernahme eines kirchlichen Amtes den „Antimodernisteneid" ablegen, der nach dem Zweiten Vatikanischen Konzil in ein Glaubensbekenntnis und einen Treueeid umgewandelt wurde. Pius XII. hatte zwar wichtige Schritte zur Erneuerung der Kirche getan, aber *Humani generis* war ein deutlicher Schritt zurück. Für den Jesuiten Karl Heinz Neufeld zeigen die Stichwörter der Enzyklika *Humani generis* den Anschluss an den *Syllabus* von Papst Pius IX. und die Antimodernismustexte von Papst Pius X. aus dem Jahr 1907.[12] Und Joseph Ratzinger bezeichnete als junger Theologe *Humani generis* als „das letzte Wetterleuchten des Antimodernismus".

Der Katholizismus dieser Zeit schirmte sich nicht nur gegen Anfeindungen von außen ab, sondern stellte konsequent das Modell einer umfassenden christlichen Gegengesellschaft dar. Die Kirche sah sich berechtigt, ja verpflichtet, bis in das persönliche und kollektive Leben der Gläubigen Einfluss zu nehmen. Damit kam sie immer mehr in Gegensatz zur „Welt" und verlor den so notwendigen Einfluss auf eine sich ändernde Gesellschaft und die heranwachsende Moderne.

Pius XII. wurde in den letzten Jahren seines Pontifikates immer ängstlicher. Er ernannte keinen Staatssekretär, sondern begnügte sich mit Substituten. Das Kardinalskollegium wurde immer kleiner, er ernannte aber keine neuen Kardinäle. Es gibt Gerüchte, dass er selbst schon an ein Zweites Vatikanisches Konzil gedacht hätte, dieses aber aus Unsicherheit seinem Nachfolger überlassen wollte. Dazu kamen gesundheitliche Probleme, die er zu überwinden suchte. Ein so glänzendes Pontifikat neigte sich sichtbar seinem Ende zu.

Ende September 1958 sollten die österreichischen Bischöfe ihren Ad-limina-Besuch in Rom absolvieren. Dabei hätte ich Erzbischof König begleiten sollen. Es kam aber nicht mehr dazu. In den Morgenstunden des 9. Oktober 1958 starb Pius XII., wobei die Begleiterscheinungen seines Sterbens makabre Züge annahmen.[13] Die Zeit seiner Agonie und die letzten Stunden seines Lebens wurden schamlos medienmäßig vermarktet, wofür der Leibarzt des Papstes Dr. Riccardo Galeazzi Lisi mitverantwortlich war. Die für Päpste übliche Einbalsamierung misslang und musste bei der Aufbahrung im Petersdom korrigiert werden.

So armselig endete das Leben Pius' XII., der das Papstamt zur höchsten Machtentfaltung gebracht hatte. Mit ihm endete aber auch die von Autorität geprägte „pianische Ära" in der römisch-katholischen Kirche.

Ich war beim Tode Pius' XII. gerade einmal seit vier Jahren Priester. Zwei Jahre war ich Kaplan in der Pfarre St. Stephan in Baden bei Wien, seit 1956 Zeremoniär beim neuen Erzbischof von Wien Franz König. Ein schneller Sprung von der Basis in die „Zentrale". So haben gesamtkirchliche Vorgänge mein Priesterleben stärker beeinflusst, als diese meine Jahrgangskollegen in ihrer Seelsorgtätigkeit empfanden.

Johannes XXIII.	Angelo Giuseppe Roncalli
25. November 1881	Geboren in Sotto il Monte, Provinz Bergamo, Lombardei
10. August 1904	Priesterweihe in Rom
1905–1914	Sekretär des Bischofs von Bergamo, Giacomo Maria Radini-Tedeschi
1915–1918	Militärdienst als Feldkaplan im Ersten Weltkrieg
1919–1920	Spiritual am Priesterseminar von Bergamo
1921–1924	Präsident des Päpstlichen Werkes der Glaubensverbreitung
19. März 1925	Bischofsweihe
1925–1934	Apostolischer Visitator, dann Delegat in Bulgarien
1934–1944	Apostolischer Delegat in der Türkei und in Griechenland
1945–1952	Apostolischer Nuntius in Paris
12. Jänner 1953	Erhebung zum Kardinal
1953–1958	Patriarch von Venedig
28. Oktober 1958	Wahl zum Papst
25. Jänner 1959	Ankündigung des Zweiten Vatikanischen Konzils
11. Oktober 1962	Eröffnung des Konzils
3. Juni 1963	Gestorben in Rom
3. September 2000	Seligsprechung durch Papst Johannes Paul II.
27. April 2014	Heiliggesprochen durch Papst Franziskus. Sein Gedenktag ist der 11. Oktober, der Tag, an dem 1962 das Zweite Vatikanische Konzil eröffnet wurde.

Johannes XXIII.
1958–1963

Der Papst, der die Tore der
Kirche weit öffnete

Angelo Giuseppe Roncalli war der erste Papst, dem ich die Hand
schütteln durfte und der mich im wahrsten Sinn des Wortes
ganz persönlich „ansprach". Er hat mir in einer anderen Weise
wie Pius XII eine ganz neue Freude an der Kirche vermittelt.

Ein verändertes Papstbild

In der letzten Oktoberwoche 1958 war ich in Rom, um im Bibel-
institut Literatur für meine Doktorarbeit zu sammeln. Es hatte
gerade das Konklave begonnen, und zu den Zeiten, zu denen
jeweils die „fumata", das Rauchzeichen aus der Sixtinischen
Kapelle, zu erwarten war, eilte ich immer auf den Petersplatz.
Einmal blieb das Rauchzeichen aus. Da verbreitete sich in Rom
sofort das Gerücht: „Die haben Giovanni Battista Montini, den
Erzbischof von Mailand, gewählt und müssen nun warten, ob
er zustimmt." Montini war damals nämlich noch nicht Kardinal und daher bei der Papstwahl auch nicht dabei. Das Gerücht

stimmte zwar nicht, aber es war ein Zeichen, wie sehr Montini schon damals „papabile" war.

Am 28. Oktober war es dann so weit. Weißer Rauch stieg auf, und bald ertönte von der Loggia der Peterskirche: „Habemus Papam, Angelo Giuseppe Roncalli, Patriarch von Venedig, der sich den Namen Johannes XXIII. gewählt hat." Wir Studenten kannten ihn nicht, und der *Osservatore Romano* hatte vor dem Konklave eine sehr unvorteilhafte Fotografie von ihm veröffentlicht. Nun erschien er alsbald auf der Loggia: alt, klein und wohlbeleibt mit linkischen Gesten. Der Schock der Gläubigen am Petersplatz war fast spürbar. Wir waren die hehre, schlanke Gestalt des Piuspapstes gewohnt und seine noblen Gesten. Nun ein ganz anderes Bild. Voll Sorge dachte ich mir: Geht es nun zurück ins Mittelalter? Ich ahnte damals noch nicht, wie sehr ich diesen Papst noch ins Herz schließen würde.

Mit ihm haben die Kardinäle im Konklave einen Kompromisskandidaten gewählt. Einen kongenialen Nachfolger von Pius XII. fanden sie nicht, außerdem wollten sie nicht wieder ein so langes Pontifikat, nämlich fast 20 Jahre. Daher wählten sie Roncalli, 77 Jahre alt, der in einem vermutlich kurzen Pontifikat nicht sehr viel ändern würde. Doch der neue Papst belehrte sie schon in den nächsten Tagen eines Besseren.

Der Papst der Überraschungen

Noch am Wahlabend ernannte er Domenico Tardini, bis jetzt Substitut, zum Staatssekretär, ein Zeichen, dass die Kurienarbeit sofort weitergehen sollte. Nur zwei Tage später, am 30. Oktober, diktierte er die 23 Namen derer, die er im nächsten Konsistorium zu Kardinälen machen wollte.[14] Und am 25. Jänner 1959 – keine drei Monate nach der Wahl – kündigte er völlig überraschend ein Konzil an.

Ankündigung eines Konzils[15]

Am 25. Jänner 1959 wurde in der Basilika St. Paul vor den Mauern ein Gottesdient zum Ende der Weltgebetswoche für die Einheit der Christen gefeiert. Am Ende des Gottesdienstes entließ der Papst aber nicht, wie erwartet, die Gläubigen mit seinem Segen, sondern hielt unvorhergesehen eine inzwischen historisch gewordene Ansprache. „Gewiss ein wenig vor Bewegung zitternd, aber zugleich mit demütiger Entschlossenheit" kündigte er für die nahe Zukunft zwei feierliche Veranstaltungen an: eine Diözesansynode für Rom und ein allgemeines Konzil für die Weltkirche. Zwei Jahre danach erinnert sich der Papst, dass seine Ankündigung nicht wie sonst mit Applaus bedacht wurde, sondern mit „einem eindrucksvollen, andächtigen Schweigen"[16].

Erzbischof König wird doch Kardinal

Noch Anfang November 1958 hörte ich aus dem Vatikanischen Staatssekretariat, Wien werde wegen der verzögerten Anerkennung des Konkordats von 1933/34 keinen Kardinal bekommen. Doch wenige Tage nach der Krönung von Johannes XXIII. am 4. November zeigte uns König stolz ein Handschreiben des Papstes, in dem stand, dass er im nächsten Konsistorium am 12. Dezember des Jahres Kardinal werde. Zur Kreierung der neuen Kardinäle durfte ich nach Rom mitfahren. Die Namen der 23 Kardinäle waren illuster: An der Spitze, also als „prima creatura", wie es in der Fachsprache heißt, stand Giovanni Battista Montini, dann Domenico Tardini, gerade zum Staatssekretär ernannt, Julius Döpfner aus Berlin u. v. a. Ich erlebte damals zum ersten Mal Montini, den späteren Paul VI., als er im Namen der anderen die Dankesansprache hielt.

Wieso hat Johannes XXIII. – doch wohl gegen den Rat der Kurie – König zum Kardinal ernannt? König hat ihn dazu sogar direkt gefragt. Er antwortete: „Wenn es Spannungen gibt" – er meinte jene mit der österreichischen Regierung –, „dann gibt es zwei Möglichkeiten zur Lösung: hart zu bleiben und alle Rechtsmöglichkeiten auszunützen oder aber zur Versöhnung in Vorleistung zu treten. Das habe ich jetzt durch Ihre Ernennung getan." Und tatsächlich, die Verhandlungen über das Konkordat gingen nun schneller voran. Diese Lösung war typisch für den Charakter und den Führungsstil des Papstes. Später wird er zu Beginn des Konzils auch sagen, dass die Kirche Irrtümer nicht mit großer Strenge verurteilen, sondern ihnen mit dem Heilmittel der Barmherzigkeit begegnen soll.

Wie mir der Papst persönlich begegnet ist

Im Oktober 1960 nahm mich Kardinal König das erste Mal zu einer Privataudienz beim Papst mit. Es war das Jahr des Autounfalls von Kardinal König und mir in Jugoslawien, und ich musste wegen der schweren Verletzungen noch mit einem Stock gehen. Am Ende der Audienz sagte der Papst aufmunternd zu mir: „Einer meiner Vor-Vorgänger" – er hatte den Namen genannt, ich habe ihn aber vergessen – „hatte schwere Gicht und konnte ohne Krücken kaum gehen. Als er aber zum Papst gewählt worden war und in den Vatikan einzog, hat er die Krücken weggeworfen und ist ganz aufrecht gegangen. Machen Sie es auch so! Legen Sie den

Stock weg!" Bald tat ich es wirklich und ging „aufrecht". Das war kein Wunder, aber ich war zutiefst bewegt, dass ein Papst mit einem unbedeutenden jungen Priester-Sekretär so mitfühlend redet. So persönliche Worte habe ich später von keinem der Päpste gehört, obwohl ich viel Kontakt mit ihnen hatte.

In der Fastenzeit besuchte der Papst Stationsgottesdienste. Da ich damals auf Wunsch von Kardinal König in Rom ein Zusatzstudium in Kirchenrecht machte, konnte ich öfter dabei sein. Papst Johannes hielt kurze Ansprachen, die kaum vorbereitet, aber von einem sehr herzlichen Ton waren. Er sprach die Probleme der Leute an und solidarisierte sich mit ihnen. Wenn er zu Älteren sprach, sagte er gerne: „Wir alten Leute ..."

Im Gefängnis Regina coeli betonte er einmal, wie er mit den Häftlingen und ihren Angehörigen mitfühlen könne, weil er solches vor Jahren mit einem Häftling in der eigenen Familie erlebt habe.

Der Papst redete wie ein einfacher, guter Seelsorger. Ich habe für meine spätere Tätigkeit als Pfarrer viel von ihm gelernt.

Innerlich besonders nahe kam er mir bei der feierlichen Eröffnung des Konzils und seiner denkwürdigen Rede *Gaudet Mater Ecclesia*, die ich als Augenzeuge miterleben durfte.

Gaudet Mater ecclesia

Am 11. Oktober 1962 zogen 2500 Bischöfe bei strahlendem Wetter um neun Uhr früh mit dem Papst in den Petersdom ein. Als Konzilsstenograph, eine Aufgabe, zu der ich mich Monate vorher gemeldet hatte, war ich gemeinsam mit meinen Kollegen im Dom dabei. Ich erlebte eine ungeheure Begeisterung und die unglaubliche Ausstrahlung von Johannes XXIII. Im Trubel der Ereignisse erfasste ich den tiefen Inhalt der Eröffnungsrede damals noch nicht ganz. 50 Jahre später durfte ich sie aber am 11. Oktober 2012 bei der offiziellen Gedenkfeier im Dom zu St. Stephan interpretieren.

Die Eröffnungsrede *Gaudet Mater Ecclesia* ist wie eine Ouvertüre für das große bevorstehende Geschehen und zugleich trägt sie autobiographische Züge. Der Papst hat später wiederholt betont, dass in dieser Rede jedes Wort von ihm selbst geschrieben war.

Warum das Konzil?

Zunächst sagte der Papst, das Konzil sei die Frucht einer „einsamen Entscheidung", die aber auf eine „plötzliche Erleuchtung" zurückginge.[17] Konzile seien für ihn – der ja ein Kirchenhistoriker war – immer Zeichen der Vitalität der Kirche, in der sie die Herausforderungen, aber auch die Chancen einer gewissen Zeit berücksichtige. „Wir vertrauen unerschütterlich darauf, dass die Kirche durch dieses Konzil inspiriert an geistlichem Reichtum wachsen und so mit neuer Kraft gestärkt mutig in die Zukunft blicken wird." Es ging dem Papst darum, die Kirche ins „Heute" zu bringen. „Es ist unsere feste Zuversicht: Durch ein angemessenes Aggiornamento und durch eine kluge Organisation der gegenwärtigen Zusammenarbeit wird die Kirche erreichen, dass die einzelnen Menschen, die Familien und die Völker mit größerer Aufmerksamkeit die himmlischen Dinge beachten." Die Kirche solle die Zeichen der Zeit wahrnehmen, auf die der Papst schon im Mai 1961 in seiner Enzyklika *Mater et Magistra* hingewiesen hatte. Also die reale Welt vor Augen haben. Sie dürfe dabei aber das Geistliche nie aus den Augen verlieren, d. h. Himmel und Erde wahrhaft verbinden.

Es war eine Rede, die mit Leidenschaft die Einheit der Kirchen, ja aller Menschen vor Augen stellte und beschwörte. Johannes XXIII. war überzeugt, dass die ganze Menschheit im Begriff sei, aufzubrechen in eine neue Geschichtsepoche. Hat er vielleicht in seiner sensiblen Art gespürt, dass sich gerade in den 1960er-Jahren eine tiefgreifende gesellschaftliche Umwandlung ereignen würde? Er hatte aber keine Angst davor, sondern war vielmehr davon überzeugt, dass dies heilsträchtig sein kann. Die Kirche müsse in das „Heute" kommen, nicht um ihrer selbst willen, sondern um dieses Heute zum Heil aller mitzugestalten. Daher müsse sie „auf die Gegenwart achten, auf die neuen Lebensverhältnisse und Formen, wie sie durch die moderne Welt geschaffen wurden. Diese haben neue Wege für das Apostolat der Katholiken eröffnet." Dies ist keine kalkulierte Anpassung an die Welt. Der Papst geht vom Schriftwort aus: „Euch aber muss es zuerst um sein Reich und um seine Gerechtigkeit gehen, dann wird euch alles andere dazugegeben." (Mt 6,33) Das Konzil sei also zuallererst ein geistlicher Prozess. Nur eine innerlich erneuerte und vertiefte Kirche könne der Welt jenen Dienst leisten, zu dem sie Gott bestimmt, aber auch befähigt habe.

Hat sich die Kirche unter Pius XII. noch selbst genügt als „societas perfecta", abgeschlossen und defensiv, so sollte sie sich nun nach dem Wunsch des Papstes öffnen, ihre Türen weit aufmachen. Auch öffnen zu den anderen christlichen Kirchen, den anderen Religionen und schließlich zur Welt. Zu einer Welt, die von der Kirche nicht mehr als Kontrast zum Geistlichen gesehen wird, sondern die einen eigenen Wert hat, der die Kirche sogar viel verdankt, von der sie sich infrage stellen lässt. Das Konzil wolle, so Johannes XXIII., der Menschheit zu mehr Gemeinsamkeit verhelfen, zu einer Einheit bei aller berechtigten Eigenständigkeit, vor allem zum Frieden.

Diese Interpretation des Konzils hat mich tief beeindruckt. Hier liegt die Wurzel, dass ich das Konzil so ernst genommen habe und mich bis heute fast „leidenschaftlich" bemühe, dass seine Ansätze konsequent verwirklicht werden.

Die Eröffnungsrede gibt viel vom Charakter des Papstes preis. Man merkt, dass er sie selbst geschrieben hat. Es ist sein Stil, seine Art zu denken und zu leben. An drei Ausdrucksformen ist mir das besonders bewusst geworden.

Ein unerschütterliches Gottvertrauen

„Vor Bewegung zitternd, aber zugleich mit demütiger Entschlossenheit" hatte er das Konzil angekündigt. Er wusste nicht, wie man das aufnehmen würde, und wusste wohl auch nicht, wie es ausgehen werde. Aber in seiner tiefen Gottverbundenheit fühlt er sich dazu berufen und wagt es. Hubert Gaisbauer schreibt in seinem berührenden Buch „Älter werden mit Johannes XXIII."[18]: „Roncalli fühlte sich auch in fortgeschrittenem Alter neuen Aufgaben durchaus gewachsen, dies allerdings in seinem bedingungslosen Vertrauen in die Kraft des Glaubens." Das ist die Frucht eines in aller Konsequenz geführten langen, geistlichen Lebens.

Eine erstaunlich positive Weltsicht

Wohl eine der bekanntesten Aussagen des Papstes in dieser Rede ist die scharfe Abrechnung mit den „Unheilspropheten": „Wir müssen diesen Unheilspropheten widersprechen, die immer nur Unheil voraussagen, als ob der Untergang der Welt unmittelbar bevorstehen würde. Sie meinen, alles entwickle sich nur zum Schlechteren. Haben sie denn aus der Geschichte nichts gelernt?" Diese so positive Sicht ist erstaunlich, da die Kirche 1962 vor großen Entscheidungen stand, vor allem aber die Weltpolitik, da man in der Kubakrise eine kriegerische Auseinandersetzung der Großmächte befürchtete. Andrea Riccardi, der Gründer der Gemeinschaft Sant'Egidio, kommentiert das so: „Dies war nicht nur Ausdruck eines allgemeinen Optimismus, sondern die Bekundung einer Abkehr von einer Kultur der Angst und des Misstrauens, die bisher dazu geführt hatten, dass man sich in der Leitung und im Leben der Kirche vorwiegend für defensive Maßnahmen entschieden hat. Diese Kultur forderte, dass die Kirche in ihrer Isolierung verharrte, um ihre Wahrheit gegen die Gefahren der Ansteckungen zu verteidigen, welche die Begegnung mit den anderen und mit der Welt mit sich bringen könnten."[19] Dieser Kommentar gibt nicht nur die Geisteshaltung des Papstes sehr gut wieder, sondern auch die Zielrichtung, in die das Konzil die Kirche nach der pianischen Ära führen sollte. Ich glaube, dass Riccardi damit auch die Spiritualität der Gemeinschaft Sant'Egidio wiedergibt. Sie ist eine der nachkonziliaren Gemeinschaften, die mir am meisten zusagt.

Barmherzigkeit statt Strenge

Im deutschen Text der Rede ist der sechste Abschnitt überschrieben mit „Das Heilmittel der Barmherzigkeit". Gegen Irrtümer ist die Kirche in der Geschichte oft mit größter Strenge vorgegangen. „Heutzutage", so der Papst, „zieht es die Braut Christi vor, eher das Heilmittel der Barmherzigkeit zu gebrauchen als das der Strenge. Sie ist davon überzeugt, dass es dem jetzt Geforderten besser entspricht, wenn sie die Triftigkeit ihrer Lehre nachweist, als wenn sie eine Verurteilung ausspricht." Das ist die Pädagogik von Johannes XXIII., die ihn so liebenswert, aber auch so erfolgreich werden ließ. Gleichzeitig deutet es aber auch an, dass das Konzil keine Dogmen verkünden oder Irrlehren verurteilen werde, sondern „pastoral" sein wolle. Denn Dogmen grenzen immer ab, schränken ein. Der Papst wollte eher eine freie Entfaltung der Lehre.

„Da wurden die russischen Raketen abgebaut"

Knapp nach dem Beginn des Konzils entstand eine bedrohliche Auseinandersetzung der Großmächte. Um Fidel Castro in seiner Revolution gegen die USA zu stützen, wurden sowjetische Atomraketen auf Kuba installiert. Die USA antworteten mit einer Schiffsblockade. Ob Kennedy und Chruschtschow zu einem Krieg bereit gewesen wären, ist nicht sicher, die Welt befürchtete es aber. Da zeigte Johannes XXIII. eine ganz neue Seite, nämlich das mutige Eingreifen in diesen gefährlichen politischen Zwist.[20] Er nützte alle Kanäle der vatikanischen Diplomatie, die offiziellen und die inoffiziellen, zu den beiden Großmächten. Offenbar hatte er als Nuntius in Paris das Diplomatenhandwerk gelernt. Beide Seiten schienen an seiner Vermittlung interessiert. Zu Moskau hatte der Papst ja einen persönlichen Kontakt. Über seine Intervention erreichte er, dass der ukrainischen Bischof und seit 1960 Kardinal „in petto" Joseph Slipyi „auf Anweisung Chruschtschows"[21] aus dem sibirischen Straflager entlassen wurde, in dem er sich seit 1945 befand. Und Alexej Adschubej, der Schwiegersohn Chruschtschows, war mit seiner Gattin auch einmal in Privataudienz beim Papst.

Am 25. Oktober 1962 hielt der Papst eine denkwürdige Ansprache in Radio Vatikan, und zwar auf Französisch – damals noch Diplomatensprache: „Nichts liegt der Kirche so sehr am Herzen wie Frieden und Geschwisterlichkeit unter den Menschen. Sie arbeitet unermüdlich, um beides zu bewirken." Dann mahnte er die Machthaber, den „angsterfüllten Schrei nach Frieden" zu hören, „den Schrei von unschuldigen Kindern und alten Menschen, von Einzelpersonen und Gemeinschaften, den Schrei: Frieden, Frieden …"[22] Drei Tage nach dieser Ansprache werden die russischen Raketen abgebaut, und die USA beendete die Blockade.

Diesem so notwendigen Einsatz für den Frieden hat der Papst noch knapp vor seinem Tod eine eigene Enzyklika, *Pacem in terris*, gewidmet. Marco Roncalli bezeichnet sie als das Abschiedsgeschenk eines heiligen Papstes.[23] Es ist eine prophetische Enzyklika, die noch vor dem Aufkommen des Begriffs „Globalisierung" mit dem Konzept vom „universalen Gemeinwohl" ein globales Denken zeigt.

Todeskrankheit und Sterben

Der Papst litt an einem inoperablen Magenkrebs. Er wusste es, und auch seine Umgebung hatte Kenntnis davon. Beim Fortschreiten der Krankheit und der damit verbundenen stärker werdenden Beeinträchtigungen dachte er sogar an einen Rücktritt, worüber er mit seinem Beichtvater P. Alfredo M. Cavagna sprach. Er machte aber trotzdem weiter Pläne und dachte an die Zukunft.[24]

Am Pfingstmontag, dem 3. Juni 1963, gegen 20.00 Uhr starb der Papst, während am Petersplatz Kardinal Luigi Traglia gerade mit den Gläubigen eine Messe feierte. Schon Tage vorher hatten viele Menschen am Petersplatz für den sterbenden Papst gebetet. Drei Tage vor seinem Tod, als er ganz bewusst dem Ende entgegenging, sagte er: „Ich gebe mein Leben hin für die Kirche, für die Fortführung des ökumenischen Konzils, den Frieden in der Welt, die Einheit der Christen … Ut unum sint!"[25]

Das Sterben Johannes' XXIII. war ganz anders als das seines Vorgängers, wie eben auch sein Leben und sein Pontifikat. Was hat Johannes XXIII., im Konklave seinerzeit ein Verlegenheitskandidat, aus dem Papstamt gemacht? Georg Schwaiger, Kirchenhistoriker in München, schreibt: „In seinen letzten Lebensjahren war dieser schlichte, gütige Papst die höchste moralische Autorität in der ganzen Welt."[26]

Nach seinem Tod haben die Bettler Roms getrauert: „Jetzt ist unser Papst gestorben!"

Johannes XXIII. hat mein Kirchenbild tiefgreifend erweitert

Unter Pius XII. wuchs meine Begeisterung für eine Kirche, die in sich geschlossen und stark war, die sich selbst genügte und souverän geleitet wurde. Später hat man mir nachgesagt, ich sei in meinen ersten Priesterjahren „konservativ" gewesen.

Johannes XXIII. hat mir die Enge dieser Sicht bewusst gemacht, und das Konzil, das ja von seiner Glaubenskraft geprägt war, hat mir ganz neue Dimensionen eröffnet. Für den Papst war die Einheit der Christen die große Sehnsucht. Ich lernte auf einmal, was Ökumene sei, und habe mich dann später in vielfacher Weise dafür eingesetzt. Die Kirche sollte ihre Tore weit aufmachen, und so sah ich die anderen Religionen neu, ganz besonders das Judentum, aus dem die Wurzeln unseres christlichen Glaubens wuchsen. Die Welt ist dem Glauben nicht feindlich, sondern gut, lehrte mich der Papst, weil sie Gottes Schöpfung ist. Und sosehr die Kirche der Welt Hilfen anbietet, ist sie ihrerseits dankbar für das, was die Welt ihr gibt. Vor allem aber hat mich ein Bild aus der Eröffnungsrede des Konzils *Gaudet Mater Ecclesia* beeindruckt, wo der Papst der Kirche wünscht, nicht nur Altes hervorzuholen, sondern einen „Sprung vorwärts" zu machen, „un balzo innanzi", wie es auf Italienisch hieß. Freilich hörte ich in St. Peter bei der Eröffnung nur die von den kurialen Latinisten verfasste Übersetzung, die dieses kraftvolle Bild blass erscheinen ließ: Statt „Sprung vorwärts" musste der Papst „novo studio" lesen. Aber der italienische Ausdruck wollte mehr sagen und stammte ja direkt vom Papst. Wenn Johannes XXIII. später aus seiner Rede zitierte, verwendete er immer die italienische Fassung. Der „Sprung vorwärts" sollte für mich schicksalhaft werden, denn 1998 schrieb ich das Buch „Im Sprung gehemmt"[27]. Dadurch wurde ich im deutschen Sprachraum weithin bekannt. Es trug mir aber 2003 auch eine „Vorladung" nach Rom ein, wo man mich wegen meiner darin enthaltenen Kritik rügte. Wenn ich mich bis heute fast leidenschaftlich dafür einsetze, dass die Kirche erneut zu diesem Sprung ansetzt, um das Konzil noch besser zu verwirklichen, fühle ich mich fast im Auftrag des inzwischen heiliggesprochenen Papstes Johannes XXIII.

Seligsprechung mit kirchenpolitischem Kalkül

Bald nach dem Tod von Johannes XXIII. erklang der Ruf „santo subito", also er möge schnell ein Heiliger werden. Im November 1964 und im Oktober 1965 sollen sogar einige Bischöfe vorgeschlagen haben, ihn durch die Konzilsversammlung „per acclamationem" heiligzusprechen.[28] Aber erst am 3. September 2000 wurde er von Johanns Paul II. seliggesprochen, und zwar zum Erstaunen vieler zugleich mit Pius IX. Wer die dafür verantwortlichen konservativen Strömungen in der Kurie kennt, war nicht verwundert, wohl aber erbost. Damit sollte offenbar zum Ausdruck kommen, dass das Zweite Vatikanische Konzil nur vom Ersten her zu interpretieren sei, also nichts Neues gebracht habe. Auch der *Syllabus* vom 8. Dezember 1864 scheint für die Seligsprechung Pius IX. kein Hindernis gewesen zu sein.

Am 27. April 2014 hat Papst Franziskus Johannes XXIII. dann heiliggesprochen, diesmal gemeinsam mit Johannes Paul II. Die vielen Selig- und Heiligsprechungen der letzten Päpste sind aus verschiedenen Gründen bedenklich, vor allem auch im Hinblick auf die Ökumene. Aber damit Kirchenpolitik zu treiben, schadet der Glaubwürdigkeit der römisch-katholischen Kirche erheblich. Ob Johannes XXIII. dem nicht Einhalt geboten hätte?

Hubert Gaisbauer über den „papa buono"

Der Religionsjournalist Hubert Gaisbauer[29] hat mir aus seiner großen, erlesenen Bildersammlung zwei Bücher illustriert, nämlich „.... und suchen dein Angesicht. Gottesbilder – Kirchenbilder"[30] und „Brot des Lebens"[31]. Auch für dieses Buch habe ich ihn um einen Beitrag gebeten. Er hat mir kein Bild aus seiner Kunstsammlung zukommen lassen, aber ein sehr aussagekräftiges Bild, das er von Johannes XXIII. im Herzen trägt. Es hat mich den großen Papst noch existentieller sehen gelehrt und daher lasse ich Prof. Hubert Gaisbauer hier selbst zu Wort kommen.

„Mit der Einberufung des Konzils hat Johannes XXIII. eine feinfühlige Folgsamkeit gegenüber dem Heiligen Geist bewiesen, ... das war sein großer Dienst an der Kirche; er war der Papst der Folgsamkeit gegenüber dem Geist – *Il papa della docilità allo Spirito Santc.*" – Mit diesen Worten würdigte Papst Franziskus seinen päpstlichen Vorgänger anlässlich der Heiligsprechung am 27. April 2014.

Wer die lebenslange Einübung von Angelo Roncalli in diese „Folgsamkeit" und dazu noch seine Lebensnähe und seine verständnisvolle Güte nachvollziehen möchte, dem sei die Lektüre des „Geistlichen Tagebuchs" und seiner „Briefe an die Familie" empfohlen. Mir jedenfalls wurde durch eine intensive Beschäftigung mit diesen Schriften eine persönliche Begegnung – fast möchte ich sagen: eine freundschaftliche Beziehung – zu diesem außerordentlichen Papst geschenkt.

Im „Tagebuch" hat er sich fast sieben Jahrzehnte lang – von seinem vierzehnten Lebensjahr bis zu seinem Tod – immer wieder Rechenschaft gegeben über die Entwicklung seines geistlichen Lebens. Als der Papst im Frühjahr 1961 dem Vorschlag seines Sekretärs Loris Capovilla zustimmte, diese Aufzeichnungen zu veröffentlichen, wollte er, dass das Buch „Giornale dell'anima" – Tagebuch der Seele – heißen solle. Es sind Aufzeichnungen eines Klerikers, Priesters und Bischofs, der schließlich als Papst die ganze Welt mit seiner außerordentlichen Aufgeschlossenheit und seinem großen Erneuerungswillen aufhorchen ließ. Wer seine Schriften mit diesem Bewusstsein heute liest, nach so vielen Jahrzehnten, stellt mit mindestens ebenso großem Erstaunen fest, wie unbeirrbar dieser Mann zeitlebens „in der stärksten, reinsten und ältesten Tradition christlicher Frömmigkeit verwurzelt war", wie Loris Capovilla zu Recht im Vorwort schreibt.

Mit Schmunzeln liest man aber auch, wie bereits der junge Kleriker Roncalli manche Charaktereigenschaften bekämpft hat, die er als seine ganz persönlichen Schwächen erkannt hatte. So nimmt er sich immer wieder vor, seinem „Bruder Esel" zuliebe etwas weniger zu essen. Gerade er, der als Papst das berühmte Wort geprägt hat: „Giovanni, nimm dich nicht so wichtig!", hat sich als junger Seminarist vor allem in der eigenen Familie als „studierter" Besserwisser geriert, nur weil er schon einen Talar getragen hat. Immer wieder fasste er deshalb den Vorsatz, demütig zu sein und einfach öfter den Mund zu halten. Hand in Hand damit war es ja seine Geschwätzigkeit – oder sagen wir es freundlich: seine Redseligkeit –, die ihn, wie er selbstkritisch anmerkt, sogar im Alter nicht verlassen hat. Vor allem war es das – wie er es später nannte – „klerikale Geschwätz", vor dem er sich hüten wollte. Er erlebte ja, wie in seinen Kreisen stets die Umstände beklagt und die Vorgesetzten kritisiert wurden. Später, 1948, als Nuntius in Paris, notiert er aus gegebenem Anlass: „Meine Natur, die zur Nachgiebigkeit neigt und dazu, eher gleich die guten Seiten der Menschen und Dinge herauszufinden, statt Kritik zu üben und voreilige Urteile zu fällen, dazu mein fortgeschrittenes Alter und damit das Gewicht einer längeren Erfahrung und einer tieferen Kenntnis des menschlichen Herzens, bringen mich nicht selten in einen schmerzlichen inneren Gegensatz zu meiner Umgebung. Jede Form von Misstrauen oder Unhöflichkeit, gegen wen auch immer, vor allem aber gegen die Kleinen, die Armen, die Geringen – jedes absprechende und unüberlegte Urteil bereitet mir Schmerz und tut mir im innersten Herzen weh. Ich schweige, aber das Herz blutet mir." Heute wissen wir, dass Johannes XXIII. auch als Papst unter dem abschätzigen Urteil mancher Mitarbeiter sehr gelitten hat. Wie an manchen anderen Punkten ist auch hier eine Ähnlichkeit von Papst Franziskus zu Johannes XXIII. nicht zu übersehen.

Besonders intensive Einblicke in das Seelenleben gewähren die – auch dem Umfang nach – herausragenden Eintragungen im „Tagebuch" während der Jahre am Römischen Seminar 1901–1904 (mit der einschneidenden Unterbrechung durch den Militärdienst), in denen sich der junge Roncalli einerseits von einer allzu unkritisch übernommenen Frömmigkeit emanzipiert hat, aber andererseits – nicht ganz undiplomatisch – den Verstörungen ausgewichen war, mit denen sich der unselige Modernismusstreit unter Pius X. auch im Römischen Seminar angekündigt hatte.

Dennoch: jede Zeile dieser Periode ist erfüllt vom ehrlichen Bemühen, den Willen Gottes zu erkennen und danach sein Leben auszurichten. Wertvollste Hilfe waren ihm dabei charismatische Seelenführer – wie der Redemptorist Francesco Pitocchi –

und seine ein Leben lang über alles geliebte „Nachfolge Christi"
des Thomas a Kempis. Als Papst erinnert er sich nachdrücklich
an diese Jahre vor der Priesterweihe und nennt sie „die inhalts-
reichste und fruchtbarste Formung des zukünftigen ‚Dieners der
Diener Gottes', der die Gesamtkirche leiten sollte".

Eine ganz andere Sprache findet sich in den „Briefen an die
Familie". Sie ist von unsentimentaler und rauer bergamasker
Herzlichkeit. Mit Sachverstand kümmert sich „Onkel Monsignore", wie er innerhalb der Familie genannt werden wollte,
auch materiell um Belange des heimatlichen Hauswesens der
vielköpfigen Roncalli-Sippe. Recht unverblümt – aber wenn's
nottut auch barmherzig – rüffelt er seinen offenbar nur durch-
schnittlich begabten Neffen Battista, der sich auf das Priestertum vorbereitet. Und das alles auch aus der Ferne, nachdem
ihn ein – von ihm als rätselhaft empfundener – Ratschluss der
vatikanischen Diplomatie für zwei Jahrzehnte als Apostolischen
Delegaten an den südöstlichen Rand Europas, nach Bulgarien
und in die Türkei, geschickt hatte.

Besonders beeindruckt hat mich in den nahezu achthundert
Briefen, wie sich dieser Erzbischof Roncalli die Zeit genommen
hat, alljährlich zu Weihnachten und zu Ostern an jede Familie
seiner acht Geschwister lange Briefe zu schreiben, in denen
er ihnen – auf die jeweilige Familie abgestimmt – kleine Katechesen über das Festgeheimnis gehalten hat. Oft hat er ja betont, dass Briefeschreiben überhaupt das fünfzehnte Werk der
Barmherzigkeit ist. In der regen Anteilnahme an den Sorgen,
Nöten und spärlichen Freuden seiner Familie leuchtet immer
wieder der Seelsorger hervor, der er eigentlich immer hätte
sein wollen und – als „Pfarrer der ganzen Welt" (Paul Claudel)
– schließlich auch war.

Auf der Spurensuche nach Roncallis innerem Weg zum „Konzilspapst" sind sowohl sein „Geistliches Tagebuch" wie auch die „Briefe an die Familie" unverzichtbar. Ich gebe es zu: jedes Mal wenn ich eines dieser Bücher in die Hand nehme, vielleicht auch nur um es an einen anderen Platz zu stellen, schlage ich es auf – und verliere mich immer wieder darin. Jedes Mal spüre ich dann erneut den Anstoß, ein guter Mensch und ein besserer Christ werden zu wollen.

Paul VI.   **Giovanni Battista Montini**

26. September 1897	Geboren in Concesio bei Brescia, Lombardei
29. Mai 1920	Priesterweihe in Brescia
1922–1954	arbeitete er im vatikanischen Staatssekretariat.
1952	Ernennung zum Pro-Staatssekretär durch Papst Pius XII.
1954–1963	Erzbischof von Mailand
15. Dezember 1958	Erhebung zum Kardinal
21. Juni 1963	Wahl zum Papst
8. Dezember 1965	Abschluss des Zweiten Vatikanischen Konzils
6. August 1978	Gestorben in Rom
19. Oktober 2014	Seligsprechung durch Papst Franziskus

Paul VI.
1963–1978

Der Papst, der das Konzil
rettete und mehr als
nur der „Pillenpapst" war

Papst Paul VI. hat mich am 30. September 1977 zum Titularbischof von Heraclea Pontica und Auxiliarbischof der Erzdiözese Wien ernannt. Noch vor meiner Weihe, die am 20. November 1977 im Dom zu St. Stephan stattfand, wurde ich dem Papst bei einer Generalaudienz in Rom vorgestellt. In innerer Rührung habe ich ihm für das Vertrauen gedankt und in die Hand versprochen, mein Bestmögliches als Bischof zu tun. Ich hoffe, ich habe dieses Versprechen bei aller menschlichen Fehlerhaftigkeit erfüllt. Es war wohl die persönlichste Begegnung, die ich mit Papst Paul VI. hatte.

Die späte Kardinalswürde – zugleich mit König

Pius XII. hatte nur zweimal Kardinäle ernannt und zuletzt jahrelang keine mehr. Die Zahl der „Prominenten", die aufgrund ihrer Stellung als Kardinäle prädestiniert gewesen wären, war daher gewachsen. Johannes XXIII. aber holte das nach und ernannte am 15. Dezember 1958 eine große Zahl von Bischöfen zu Kardinälen, die auf unterschiedliche Weise die Zukunft der Kirche mitbestimmen sollten. Erzbischof Franz König war einer von ihnen, und ich durfte ihn als sein Zeremoniär zur Kardinalsernennung nach Rom begleiten. Besondere Beachtung unter den neuen Kardinälen fand Giovanni Battista Montini, der Erzbischof von Mailand. Im Namen aller hielt er die viel beachtete Dankansprache, und vielleicht haben seine Worte manche von den neuen Kardinälen so beeindruckt, dass sie ihm dann fünf Jahre später im Konklave ihre Stimme gaben.

Paul VI. – der zweite Konzilspapst

Mit dem Tod von Johannes XXIII. am 3. Juni 1963 war das Konzil rechtlich zu Ende. Vom neuen Papst würde es abhängen, ob er das Konzil weiterführen würde oder nicht. Das war sicher ein Auswahlkriterium für die Konklavisten. Montini war schon im Konklave 1958 „papabile", obwohl er damals noch gar nicht Kardinal war.

Montini war schon in der Vorbereitung des Konzils rege tätig gewesen.[32] Er wünschte sich Veränderungen in der Liturgie, damit alle Gläubigen effektiv teilnehmen können, sowie die Landessprache im Wortgottesdienst und bei der Spendung der Sakramente. In der Ekklesiologie ging es ihm um eine theologische Reflexion der Stellung des einzelnen Bischofs und des Bischofskollegiums in seiner Stellung zum Papst. Er betonte auch schon das „königliche Priestertum" der Laien und sah Handlungsbedarf in der Ökumene.

Am 21. Juni 1963 wurde er in einem sehr kurzen Konklave zum Papst gewählt. Die schnelle Einigung war wohl ein Zeichen, dass beide „Konzilsparteien", die Fortschrittlicheren und die Traditionsbewussten, ihm zutrauten, die Einheit der Kirche zu wahren.[33] Schon einen Tag nach seiner Wahl sagte er in einem Radiointerview: „Die wichtigste Aufgabe unseres Pontifikates wird die Fortsetzung des Vatikanischen Konzils sein, für das wir alle Kräfte einsetzen wollen, die der Herr uns gegeben hat."[34] Er erkannte aber auch, dass sich in der Vorgangsweise manches ändern müsse.

So wurde Paul VI. der zweite Konzilspapst. Sein persönliches Verhältnis zum Konzil war dann aber unterschiedlich. Er fühlte sich von Anfang seines Pontifikates an verpflichtet, das Konzil weiter- und zu einem guten Ende zu führen. Dann aber griff er mehrmals verändernd in die vorgelegten Texte ein, um mehr Zustimmung für sie zu erreichen. Wegen unerwarteter Folgen für die Kirche in der Zeit danach begann er schließlich das Konzil auch kritisch zu betrachten.

Paul VI. rettete das Konzil und gab ihm eine neue Gestalt

Von sich aus hätte Paul VI. wohl kein Konzil einberufen. Dazu brauchte es die Unbefangenheit des Angelo Roncalli und dessen unerschütterliches Vertrauen auf Gottes Eingebung. Als aber immer mehr Schwierigkeiten im Konzil auftraten, fragte man sich, ob Johannes XXIII. das Konzil zu einem guten Ende hätte führen können. Dazu war die intellektuelle, diplomatische Art Montinis besser geeignet. Und dieser erkannte auch seine historische Aufgabe.

Er gab dem Konzil eine neue Ordnung.[35] Das Präsidium wurde durch zwei reformwillige Persönlichkeiten erweitert, nämlich durch die Kardinäle Joseph Frings und Bernhard Alfrink. Ganz neu ernannte der Papst vier Moderatoren mit großen Vollmachten, allesamt eher fortschrittlich: Kardinal Grégoire Pierre Agagianian, armenisch-katholischer Patriarch, Julius Döpfner, damals nach seiner Zeit in Berlin nun Erzbischof in München, Léon-Joseph Suenens von Mecheln und Giacomo Lercaro von Bologna. Der Plan dafür stammte übrigens von Julius Döpfner.

Die Leitlinie des Konzils sollte die geistliche Erneuerung der Kirche sein. In seiner Antrittsenzyklika *Ecclesiam suam* vom 6. August 1964 – zu deren Vorbereitung er sich über ein Jahr Zeit ließ – rief er zum Dialog auf.[36] „Die Kirche macht sich selbst zum Wort, zur Botschaft, zum Dialog", heißt es dort. Sie müsse ihr eigenes Bewusstsein vertiefen, ihr tatsächliches Antlitz mit ihrem Idealbild vergleichen und schließlich als Folge daraus den Dialog mit der Welt aufnehmen. Damit sollte auch eine Hilfe für das Konzil gegeben werden.

Im September 1964 begann die dritte Sitzungsperiode, in der es zu den heftigsten Auseinandersetzungen auf dem Konzil überhaupt kam. Dass dann in der vierten Session dennoch so heikle Themen wie die Religionsfreiheit, das Verhältnis zu den nichtchristlichen Religionen, die Offenbarung und die Rolle der Kirche in der Welt behandelt und entsprechende Dokumente verabschiedet werden konnten, ist eine Auswirkung der Mahnung und Motivation zum Dialog durch den Papst.[37] Als Adressaten für den Dialog der Kirche nannte der Papst die Welt, die Monotheisten, die anderen christlichen Kirchen und schließlich den Dialog im eigenen Haus, der „mit Eifer und Familiengeist" gepflegt werden müsse. Damit kam Paul VI. der Grundidee Johannes' XXIII. für das Konzil ganz nahe, dass sich die Kirche weit aufmachen sollte für die anderen christlichen Kirchen, die anderen Religionen, ja für die Welt insgesamt.

Der Papst greift weitgehend in die Beratungen des Konzils ein

Beide Konzilspäpste, Johannes XXIII. und Paul VI., griffen mehrmals in das Konzilsgeschehen ein, um Krisen zu überwinden und eine größere Mehrheit für die Zustimmung zu gewinnen. Es hieß dann meist, dass diese Änderungen „von höchster Autorität" vorgenommen worden wären. Die Konzilsakten aber zeigen, dass sie oft von einer kämpferischen konservativen Gruppe des Konzils von den Päpsten erbeten wurden.[38]

In folgenden Konzilsdokumenten war das Eingreifen besonders auffallend:

Ökumenismusdekret

Am Freitag, dem 20. November 1964, sollte die Endabstimmung über das Dekret erfolgen. Am Tag vorher – er ging als „schwarzer Donnerstag" in die Konzilsgeschichte ein – wurde vom Generalsekretär des Konzils, Erzbischof Pericle Felici, mitgeteilt, dass der vorliegende Text noch nicht endgültig sei. Es seien in letzter Stunde aufgrund „wohlwollender, autoritativ ausgesprochener Anregungen" 19 Veränderungen vorgenommen worden, um dem Text „größere Klarheit" zu geben. Am 21. November wurde das Dokument dennoch mit großer Mehrheit angenommen. Der Vorgang führte aber zu einer großen Verstimmung in der Konzilsaula.[39]

Religionsfreiheit

Am 19. November kam es zu einem weiteren Eklat, als die Abstimmung über das Dekret, das besonders umstritten war, durch

Einspruch „von oben" vertagt werden sollte. Trotz heftiger Proteste wurde die Entscheidung nicht zurückgenommen, aber in Aussicht gestellt, dass das Dekret in der vierten Sitzungsperiode an erster Stelle behandelt werde.[40]

Konstitution über die Offenbarung

Sie hatte große Fortschritte für die Bibelarbeit gebracht und die Bibel als besondere Offenbarungsquelle herausgestellt. In der Theologischen Kommission hatte die Mehrheit gesiegt, die Konservativen aber den Widerstand nicht aufgegeben. Paul VI. ließ zur „Befriedung" einfügen, dass Schrift *und* Überlieferung (Tradition) „mit gleicher Liebe und Achtung angenommen und verehrt werden". Dieser Satz stammt aus dem Konzil von Trient und wurde schon damals heftig diskutiert. Ratzinger meinte in einem frühen Kommentar, dass dieser Einschub „für die Minderheit das Feldzeichen für die Treue zu Trient, zur Ganzheit des kirchlichen Glaubens" sei.[41]

Nota praevia explicativa

Der weitreichendste Eingriff in die Konzilstexte erfolgte durch die *Nota praevia explicativa*, die vor der Abstimmung des dritten Kapitels der Kirchenkonstitution den Konzilsvätern vorgesetzt worden war.[42] Die Kernfrage in diesem Kapitel ist die bischöfliche Kollegialität, also die gemeinsame Verantwortung des Bischofskollegiums mit dem Papst bei der Leitung der Kirche. Das Thema ist deshalb so wichtig, weil es beim Ersten Vatikanischen Konzil nach der Definition des Primates des Papstes wegen des Abbruchs des Konzils nicht mehr behandelt werden konnte. Übrigens hatte Montini schon vor dem Konzil eine Weiterführung angemahnt. Die Debatte am Konzil zeigte einen tiefen Dissens:

Weit mehr als zwei Drittel der Bischöfe waren für eine Verwirklichung des Kollegialitätsprinzipes, eine kämpferische Minderheit war dagegen, weil sie fürchtete, die Vollmachten des Papstes würden dadurch beschnitten. Einige Mitglieder der Kurie fürchteten wohl auch um ihre eigene Machtposition. In die Bekanntmachungen vor der Abstimmung des dritten Kapitels von *Lumen gentium* wurde nun eine *Nota* eingefügt, die mit folgenden Worten eingeleitet wird: „Seitens der höheren Autorität wird den Vätern eine erläuternde Vorbemerkung zu den Änderungsvorschlägen des dritten Kapitels des Kirchenschemas mitgeteilt, nach deren Absicht und Sinn die in diesem dritten Kapitel dargelegte Lehre erklärt und verstanden werden muss."

Diese *Nota* kam vom Papst selbst und konnte nicht diskutiert werden. Es war einmalig für das Konzil, dass der Papst die Beschlüsse der Väter autoritativ interpretierte, noch dazu in einem Thema, das ja gerade das Verhältnis Papst–Bischöfe neu regeln sollte. Er erreichte damit wohl, dass es bei der Schlussabstimmung nur 46 Gegenstimmen und fünf Enthaltungen gab, in seinem Kommentar dazu stellte Joseph Ratzinger aber fest: „Ob dieser Erfolg zu teuer erkauft worden ist durch eine zu starke Abschwächung der Lehre, wird erst die zukünftige Entfaltung und Entwicklung des in der Konstitution Angelegten zeigen können."[43] Ich meine, dass sich bis heute die neue Sicht des Miteinanders von Papst und Bischöfen in der Praxis nicht durchsetzen konnte, ja im Gegenteil, der römische Zentralismus noch immer im Wachsen ist.[44] Übrigens wird Papst Franziskus heute nicht müde zu mahnen, endlich die vom Konzil gemeinte Kollegialität zu verwirklichen.

Zwei brennende Fragen wurden vom Papst aus der Konzilsdebatte herausgenommen, und er „löste" sie später in Form einer

Enzyklika. Die eine Frage betraf den Zölibat. In der Diskussion über die Wiederherstellung des selbstständigen Diakonats und über das Dekret vom Dienst und Leben der Priester war es darüber zu heftigen Debatten gekommen.[45] In einem Brief an Kardinal Eugène Tisserant, dem Dekan des Konzilsplenums, schrieb Paul VI., es sei nicht opportun, das Thema im Konzilsplenum zu behandeln. Er selbst werde später dazu Stellung nehmen. Das geschah dann am 24. Juni 1967 in der Enzyklika *Sacerdotalis caelibatus*. Dort bekräftigte der Papst die bisher geltenden Rechtsbestimmungen.

Die zweite Frage war, welche Methoden bei der Empfängnisregelung sittlich erlaubt seien. Diese Frage wurde vom Papst am 25. Juli 1968 in der Enzyklika *Humanae vitae* entschieden.

Die Enzyklika *Humanae vitae*

Wie sie zustande kam

Im Konzilsdokument *Gaudium et spes*, Artikel 51, war das Prinzip der „verantworteten Elternschaft" ausgerufen worden. Die Debatte über die dafür sittlich gerechtfertigten Methoden wurde aber abgebrochen; im offiziellen Dokument des Konzils heißt es in einer Fußnote zu diesem Artikel: „Bei diesem Stand der Doktrin des Lehramtes beabsichtigt das Konzil nicht, konkrete Lösungen unmittelbar vorzulegen", vielmehr solle eine Expertenkommission konkrete Lösungen erarbeiten.[46]

Schon Johannes XXIII. hatte 1963 eine Kommission eingesetzt, um alle bisherigen Stellungnahmen des Lehramtes zum Thema zusammenzufassen, diese trat aber nicht mehr zu seinen Lebzeiten zusammen. Paul VI. hat diese Kommission dann am

23. Oktober 1964 als päpstliche Kommission für Ehe- und Familienfragen konstituiert und durch Spezialisten aus Medizin, Biologie, Soziologie, Psychologie und Theologie erweitert. Am 29. Oktober 1964 kamen neue Mitglieder hinzu, sodass die Laien nun in der Mehrheit waren. Unter den Theologen waren nur zwei Konzilsväter, nämlich Erzbischof Leo Binz aus den USA und Weihbischof Josef Maria Reuß aus Mainz. Reuß war bekannt als Experte für Familienfragen in der deutschen Bischofskonferenz und übernahm die Arbeiten eines Sekretärs in dieser Kommission. Am 7. März 1966 wurde das Gremium zu einer Kardinalskommission aufgewertet. Neuer Präsident wurde Kardinal Ottaviani, Vizepräsidenten die Kardinäle Döpfner und Heenan. Am 26. Juni 1966 hatten sie ihre Beratungen beendet und einen Abschlussbericht mit 64 Pro- und vier Gegenstimmen verabschiedet. Am 28. Juni 1966 hat Kardinal Döpfner das Ergebnis Paul VI. übergeben. Kardinal Ottaviani, der mit dem Ergebnis nicht einverstanden war, unterbreitete dem Papst ein von vier Kommissionsmitgliedern unterstütztes Sondervotum. Es wurde später als Minderheitsvotum ausgegeben, das es aber nicht war. Es war erst nach Abschluss der Kommissionsarbeit entstanden. Eines der vier Mitglieder, die dieses Dokument unterstützten, war Karol Wojtyla, damals Erzbischof in Krakau. Er hatte 1966 eine eigene Gruppe von Krakauer Theologen gebildet, die die christlich-ethischen Normen des Ehelebens untersuchen sollten. Daraus entstand ein eigenes Memorandum. Dieses war dann sicher ein Teil des sogenannten Minderheitsvotums und wohl mitbestimmend für die theologischen Aussagen in *Humanae vitae*. Johannes Paul II. hat später einmal gesagt, dass für ihn *Humanae vitae* der Ausgang des Themas sei, den Endpunkt aber die Theologie des Leibes darstelle, an der er so viel

gearbeitet hätte.[47] Als Papst hat er auch viele Katechesen darüber gehalten und die Thesen von *Humanae vitae* schließlich 1981 im Schreiben *Familiaris consortio*, das der Bischofssynode über Ehe und Familie gefolgt war, festgeschrieben.

Die Aussagen über die Methoden der Familienplanung und ihre Folgen

Der Unterschied der moraltheologischen Aussage der beiden Voten war tiefgreifend. Das von Kardinal Döpfner übergebene Votum gab die Empfehlung, künstliche Kontrazeptiva unter bestimmten Bedingungen zuzulassen. „Die ‚Pille' sollte im Rahmen einer verantwortlichen Elternschaft eingesetzt werden dürfen. Dabei müsse die Empfängnis zwar grundsätzlich bejaht werden, nicht aber in jedem einzelnen Eheakt."[48] Das nachgereichte „Minderheitsvotum" aber sah für die Familienplanung lediglich die Beachtung der unfruchtbaren Tage der Frau, also die sogenannte „natürliche Methode" für erlaubt an, die Anwendung künstlicher Mittel jeglicher Art aber sei sündhaft. Das war dann auch die bindende Kernaussage der Enzyklika *Humanae vitae*. Sie hatte innerkirchlich dramatische Folgen und belastete das Urteil des sonst so vielfältigen und auch weiterführenden Pontifikates von Paul VI. Sie engte die vom Konzil ausgerufene „verantwortete Elternschaft" erheblich ein und führte zu einem Vertrauensverlust der Kirche in breiten Schichten.

Enttäuschung

Die Aussage des Konzils über die verantwortete Elternschaft und die neue Sicht der ehelichen Akte, die wohl auf die Weitergabe des Lebens hingeordnet sind, aber auch als besonderer Ausdruck der Liebe, der Bereicherung der Ehegatten und als

Mittel, die eheliche Liebe wachzuhalten, gesehen werden,[49] hatte auf die katholischen Ehepaare befreiend gewirkt. Dass nun die „verantwortete Elternschaft" auf die sogenannte natürliche Methode eingeengt wurde, hatte bei vielen eine große Enttäuschung ausgelöst. Ich erinnere mich an Gespräche mit tiefgläubigen Eheleuten, die bislang in großer Verantwortung Wege gegangen sind, eben gerade solche, wie sie das offizielle Votum ja empfohlen hatte, die sich aber jetzt in ihrem Eheleben von der Kirche nicht verstanden fühlten.

Vertrauensverlust

Es ist eine traurige Erfahrung, dass seit *Humanae vitae* das Vertrauen der Katholiken in päpstliche Rundschreiben überhaupt gesunken ist. Bei dieser Enzyklika kommt die unverhohlene Kritik dazu, dass hier zölibatär lebende Männer über sehr persönliche, intime Lebensweisen von Eheleuten entschieden haben. Das offizielle Kommissionsergebnis hatte ja anders geklungen. Dort wurde der Erfahrungsbereich vieler eingebracht. Jörg Ernesti dazu: „Gemeinhin wird angenommen, dass die zunehmende Entfremdung weiter Teile des Kirchenvolkes von der Kirche durch die Enzyklika einen kräftigen Schub erhalten habe."[50]

Herausforderung der Bischöfe, die päpstliche Lehre akzeptabel zu machen

Erstmals und leider auch einmalig haben viele Bischöfe zu einer Enzyklika Erklärungen nachgereicht. Etwa 30 Bischofskonferenzen taten das, wobei 21 die betroffenen Eheleute auf den Ausweg der persönlichen Gewissensentscheidung verwiesen. Die deutschen Bischöfe taten das am 30. August 1968 in Königstein, die österreichischen Bischöfe am 22. September 1968 im Bildungshaus Mariatrost.[51] Dabei traf den Papst besonders, dass etwa die Königsteiner Erklärung unter dem Einfluss der Kardinäle Frings und Döpfner verfasst wurde, zwei wichtige Protagonisten des Konzils, und für die Mariatroster Erklärung Kardinal König verantwortlich war, zu dem er ein vertrauensvolles Verhältnis hatte.

Kardinal König hat uns einmal erzählt, dass weder Paul VI. noch später Johannes Paul II. ihm wegen der Mariatroster Erklärung Vorwürfe gemacht hätten. Aber in Wahrheit blieb diese Erklärung ein dauernder Konfliktstoff zwischen Rom und der katholischen Kirche in Österreich.[52] Anlässlich des Ad-limina-Besuches 1987 sagte Johannes Paul II.: „An der Gültigkeit der in *Humanae vitae* dargestellten sittlichen Ordnung darf kein Zweifel gelassen werden. Wenn im ersten Augenblick der Veröffentlichung der Enzyklika noch eine gewisse Ratlosigkeit verständlich war, die sich in manchen bischöflichen Erklärungen niedergeschlagen hat, so hat der Fortgang der Entwicklung die prophetische Kühnheit der aus der Weisheit des Glaubens geschöpften Weisung Pauls VI. immer eindringlicher bestätigt."[53]

Was Paul VI. dennoch zu einem ganz bedeutsamen Papst machte

Mein anfänglich strahlendes Bild von Paul VI. hat sich allmählich eingetrübt. Ich erlebte und beobachtete sein Wirken in meiner Tätigkeit als Pfarrer, dann aber als Ordinariatskanzler an der Seite von Kardinal König. Ich bedauerte sein mehrfaches, fast ängstliches Eingreifen in das Konzilsgeschehen und seine fast pessimistische Kritik am Konzil in den Unruhejahren danach.[54] Am meisten litt ich aber unter den Folgen der Enzyklika *Humanae vitae*, deren negative Auswirkungen ich hautnah in der Seelsorge erlebte. All das hat nicht nur bei mir, sondern bei vielen das Pontifikat Pauls VI. in ein negatives Licht gerückt. In manchen Medien reduzierte man seine Beurteilung sogar auf die Bezeichnung „Pillenpapst". Daneben ging vielfach unter, was Paul VI. wirklich epochemachend geleistet hat, sodass ihn neutrale Historiker sogar den ersten modernen Papst nannten. Auf seine besonderen, oft zu wenig beachteten Verdienste für Kirche und Welt möchte ich nun hinweisen.

Weiterführung des Konzils

Mit dem Tod von Johannes XXIII. war das Konzil rechtlich gesehen zu Ende. Es lag nun an seinem Nachfolger, es wieder zu eröffnen. Sehr viele erwarteten das, wohl auch jene, die Montini „so schnell" zum Papst gewählt hatten. Er hatte aus seiner Tätigkeit im Staatssekretariat von 1922 bis 1954 den Weitblick über die Weltkirche und dann aus seiner Erfahrung als Erzbischof von Mailand, einer der größten Diözesen der Welt, auch eine einmalige „Basiserfahrung". Überdies hatte er schon in der ersten Session des Konzils ein großes Engagement für dieses Kirchenereignis gezeigt.

Am 27. Juni 1963, nur sechs Tage nach seiner Wahl, kündigte er die Fortsetzung des Konzils für den 29. September an. In seiner Antrittsenzyklika *Ecclesiam suam* sorgte er für eine Verbesserung des Dialogs im Konzil, zeigte aber auch der Kirche insgesamt den Weg, „sich zum Dialog" zu machen. Ohne Paul VI. wäre das Zweite Vatikanische Konzil ein Torso geblieben wie seinerzeit das Erste.

Spektakuläre Öffnung der Ökumene zur Orthodoxie

Mit Paul VI. begann eine ausgedehnte Reisetätigkeit der Päpste. Johannes Paul II. hat diese dann perfekt in sein Pontifikat eingebaut und beherrschte souverän die Begegnung und den Dialog mit der „Welt".

Für Paul VI. war die erste Reise im Jänner 1964 eine „Pilgerreise" zu den heiligen Stätten in Israel und Jordanien. Diplomatisch vorbereitet sollte es dabei auch zu einer Begegnung mit Athenagoras, dem Ökumenischen Patriarchen von Konstantinopel, kommen. Am 5. Jänner 1964 trafen sich die beiden in der Residenz des Apostolischen Delegaten. Das Treffen verlief überaus herzlich mit Umarmung, gemeinsamem Gebet und Aussprache. Man verpflichtete sich vor den Augen der Welt, nach jahrhundertelanger Trennung Wege der Einheit zu suchen.[55]

Schon ein Jahr später kam es zu einem spektakulären rechtlichen Schritt auf diesem Weg. Am 7. Oktober 1965, also am Tag vor der Beendigung des Konzils, verkündigte der Papst in der Konzilsaula die Aufhebung des bei der Kirchentrennung im Jahr 1054 ausgesprochenen Kirchenbannes. Zeitgleich verkündigte dies in umgekehrter Richtung Patriarch Athenagoras in seinem Amtssitz.[56]

Eine dritte bewegende ökumenische Geste setzte Paul VI. zehn Jahre später am 14. Dezember 1975 in der Sixtinischen Kapelle. Bei einer Gedächtnisfeier küsste der Papst dem Metropoliten Meliton als Delegaten des Ökumenischen Patriarchen die Füße und bat um Verzeihung für das Schisma. Der Fußkuss sollte daran erinnern, dass sich die orthodoxen Patriarchen beim Konzil von Florenz geweigert hatten, dem Papst die Füße zu küssen.[57]

In den ökumenischen Bemühungen im Geist des Konzils war Paul VI. gegenüber der Orthodoxie bahnbrechend. In einer Ansprache am 24. Jänner 1973 sagte er nicht ohne Stolz: „Insbesondere im Verhältnis zu den ehrwürdigen Kirchen des Ostens haben wir eine fast vollständige Einheit wiedergefunden, die uns drängt, alles Menschenmögliche zu tun, damit sie vollkommen wird."[58]

Persönlich bedauere ich, dass es bis heute mit den orthodoxen Kirchen nicht einmal eine „eucharistische Gastfreundschaft" gibt, obwohl wir mit ihnen die sieben Sakramente gemeinsam haben und auch das gleiche theologische Verständnis des Priesteramtes. Als ich in den 1980er-Jahren mit Religionslehrern in der orthodoxen Akademie in Kolimbari auf Kreta eine Tagung besuchte, wollten diese am Sonntag im benachbarten Kloster Gonia die Messe mitfeiern und kommunizieren. Uns wurde bedeutet, dass das nicht möglich sei, da wir ja nicht zu „ihrer" Kirche gehörten.

Ein Papst wagt sich auf die internationale Bühne

Wenige Wochen vor Beendigung des Konzils sprach Paul VI. am 4. Oktober 1965 vor der Vollversammlung der UNO in New York. Er habe eine Botschaft für die ganze Menschheit, sagte er, für alle Menschen, unabhängig von ihrer nationalen oder religiösen Zugehörigkeit.[59] Es war ein flammender Apell für den Frieden. „Nie mehr Krieg! Nie mehr Krieg! Es ist der Friede, der Friede, der das Geschick der ganzen Menschheit leiten muss." Diese Worte erinnern an den großen Friedensaufruf Pius' XII. vom 24. August 1939, dessen Entwurf Montini damals selbst verfasst hatte.[60] Der Papst wurde in New York wie ein Star gefeiert – ein Zeichen, welchen moralischen Einfluss die Kirche damals, wohl auch durch die weltweit gute Aufnahme des Konzils hatte. Damit war auch für die künftigen Päpste der Weg auf die internationale Bühne geöffnet.

In der Folge hat Paul VI. alle Kontinente besucht. „Er steuerte Länder der Ersten und der Dritten Welt, Entwicklungsländer und Industriestaaten an, er machte sich ebenso auf in Weltgegenden, wo das Christentum in der Minderheit ist, wie in christliche Länder, allein eine Reise in die sogenannte Zweite Welt, in den Ostblock, blieb ihm versagt: Der Besuch in Polen scheiterte am Veto der kommunistischen Machthaber."[61] Der Papst sah diese Reisen als eine besondere Form der Ausübung des Petrusamtes an, wollte damit aber auch die Inhalte des Konzils in die Ortskirchen der ganzen Welt bringen.

Die persönliche Beziehung zwischen Kardinal König und Paul VI.

Die beiden waren im selben Konsistorium, im Dezember 1958, von Johannes XXIII. zu Kardinälen ernannt worden und daher nach dessen Tod beide zum ersten Mal in einem Konklave. Kardinal König berichtete, dass er dort zu Montini gesagt habe: „Ich bin davon überzeugt, dass Sie gewählt werden und das Werk Johannes XXIII. im Sinne der Aufgeschlossenheit gegenüber der Welt und der für die Kirche notwendigen Reformen fortsetzen werden."[62] König sprach auch von einem engen Freundeskreis um den Papst, „dem anzugehören ich den Vorzug hatte"[63], und fügt bescheiden an, „dass er [der Papst] mich gelegentlich um meine Meinung über verschiedene Probleme befragte. Ich sprach zu ihm in aller Offenheit, kannte ich doch seinen Wunsch, über alles informiert zu werden, was eine Entscheidung, die er zu fällen gedachte, betraf." Diese Beziehung war wohl auch Grund, dass Paul VI. Kardinal König zusätzliche Aufgaben anvertraute.

Sekretariat für die Nichtglaubenden

Um den vom Konzil ausgerufenen Dialog nach außen weiterzuführen, gründete Paul VI. drei Sekretariate, eines für die anderen Christen, eines für die Weltreligionen und eines für die Nichtglaubenden. Gerade Letzteres vertraute der Papst Kardinal König an. Dieser wehrte sich und hätte lieber das für das Gespräch mit den Weltreligionen gehabt, da er ja gerade auf dem Gebiet ausgewiesener Fachmann war. Der Papst aber bestand auf seiner Entscheidung. Der Grund dafür war vermutlich, dass sich König bei der Stellungnahme des Konzils zum Atheismus so engagiert beteiligt hatte.[64] Auf die Frage Königs, wie er es nun angehen sollte, antwortete der Papst, „Usus docebit", also, „das wird sich im Tun erweisen". König führte dieses Sekretariat dann souverän bis 1980.

Heikler päpstlicher Diplomatendienst zur Lösung des „Falles Mindszenty"

József Mindszenty war seit 1946 Erzbischof von Esztergom und damit Primas von Ungarn. Er wurde 1949 zu lebenslanger Haft verurteilt und 1956 im Zuge des Ungarnaufstandes befreit. Nach seiner Niederschlagung flüchtete er in die amerikanische Botschaft.

Der Vatikan wollte Mindszenty zur Ausreise bewegen, um dadurch die diplomatischen Beziehungen zu Ungarn zu verbessern und damit auch die Lage der Kirche, vor allem was die Ernennung neuer Bischöfe anlangte. Mindszenty hat sich dagegen gewehrt, weil er sich weiter als Primas von Ungarn mit dem damit verbundenen politischen Einfluss fühlte. Die tiefgreifende historische Veränderung hatte er innerlich nicht akzeptiert und damit auch die neue vatikanische Diplomatie nicht verstanden.

Kardinal König wurde nun ausersehen, den Vermittler zu spielen.[65] Als Erster hat Papst Johannes XXIII. König nach Budapest „geschickt": „Lösen Sie sich einfach am Bahnhof eine Karte und fahren Sie." Das tat König auch am 18. April 1963 ganz geheim. Nicht einmal seine engsten Mitarbeiter wussten davon. Er hatte aber keinen Erfolg. Papst Paul VI. verfolgte dann mit großer Konsequenz die neue Ostdiplomatie mit Ungarn und verlangte immer dringender die Ausreise Mindszentys. König besuchte Mindszenty insgesamt elfmal, aber erst die Vermittlung des ungarischen Prälaten Zagon hatte Erfolg. Am 28. September 1971 holte der damalige päpstliche Nuntius in Österreich, Opilio Rossi, den Kardinal mit dem Auto in Budapest ab und fuhr mit ihm über Wien nach Rom. Von dort kehrte Mindszenty nach Wien zurück, wo er im ungarischen Kolleg Pazmaneum Quartier bezog. Ich erinnere mich noch an ein Mittagessen mit ihm bei Kardinal König. Obwohl er gut Deutsch konnte, sprach er demonstrativ nur lateinisch.

Paul VI. traute Kardinal König diese heikle Mission zu, weil er von Österreich, einem neutralen Land, leicht über die Grenze gelangte und weil er durch die Stiftung Pro Oriente beste Beziehungen zu den Ostländern hatte.

Aus den Aufzeichnungen Königs sei noch Folgendes über die Charakteristik Mindszentys festgehalten:

In meiner Erinnerung haben sich folgende Züge des gefangenen Primas von Ungarn tief eingegraben: Erstens, er stellte sich kompromisslos als Verteidiger seiner Kirche ein. Er gab mir immer wieder zu verstehen, dass er bereit sei, für seine Kirche in Ungarn als Märtyrer zu sterben. Ein Zweites: er liebte seine Heimat Ungarn über alles und wollte sein Land unter keinen Umständen verlassen, obwohl man ihm in dieser Hinsicht seitens der kommunistischen Regierung goldene Brücken ins Ausland zu bauen bereit war. Und ein Drittes: der Papst in Rom als Inhaber des Petrusamtes war für ihn eine letzte und bindende Autorität. Auch dann, wenn er eine Entscheidung des Papstes schwer verstehen konnte. Er hatte schwer darunter gelitten, dass Paul VI. ihn bat, nach Rom zu kommen, in der Hoffnung, damit die Möglichkeit eines Modus vivendi mit der etablierten kommunistischen Regierung zu schaffen, und als er ihn, ohne sein Einverständnis, am 5. Februar 1974 aus pastoralen Erwägungen seiner erzbischöflichen Funktionen enthob, ohne damit einen Nachfolger zu ernennen. Der Kardinal stellte dazu fest, dass diese Entscheidung einzig und allein vom Apostolischen Stuhl getroffen worden sei. Die damals unter Paul VI. einsetzende „Ostpolitik des Vatikans" war für Mindszenty schwer verständlich.

Achtung und Vertrauen trotz Mariatroster Erklärung

In der Mariatroster Erklärung vom 22. September 1968, die unter der Verantwortung Kardinal Königs als Vorsitzendem der österreichischen Bischofskonferenz zur Enzyklika *Humane vitae* verfasst wurde, hieß es: „Da in der Enzyklika kein unfehlbares Glaubensurteil vorliegt, ist der Fall denkbar, dass jemand meint, das lehramtliche Urteil der Kirche nicht annehmen zu können. Nicht zuletzt wollen wir darauf hinweisen, dass der Heilige Vater in seinem Rundschreiben nicht von schwerer Sünde spricht. Wenn sich also jemand gegen die Lehre der Enzyklika verfehlt, muss er sich nicht in jedem Fall von der Liebe Gottes getrennt fühlen und darf dann auch ohne Beichte zur heiligen Kommunion hinzutreten."

Wie schon angemerkt hat diese Feststellung gerade von Kardinal König den Papst schwer getroffen, weil er König so sehr schätzte. Aber das gegenseitige Vertrauen ging dadurch nicht verloren. Ein Beweis dafür war wohl auch, dass König 1977 bei der Bitte um zwei Weihbischöfe seine beiden Erstgereihten, nämlich Florian Kuntner und mich, „durchgebracht" hat.

Am Schluss doch noch ein „glücklicher" Papst?

Paul VI. hat in seinem Pontifikat viele Enttäuschungen erlebt und darunter gelitten. Es beunruhigten ihn die in verschiedene Richtungen laufenden Entwicklungen nach dem Konzil. Da erlebte er vorandrängende Reformgruppen auf der einen Seite, übertrieben konservative auf der anderen. Erzbischof Marcel Lefebvre hatte 1970 in Econe die „Priesterschaft Heiliger Pius X." gegründet, die das Zweite Vatikanische Konzil weitgehend ablehnte. Die in der Enzyklika *Humanae vitae* enthaltenen Entscheidungen, die sich Paul VI. so schwer abgerungen hatte, stießen auf massive Ablehnung mit weitreichenden Folgen. Der Aufbruchsstimmung nach dem Konzil war vielfach Resignation gefolgt, sogar eine Spaltung in der Kirche drohte. In dieser Zeit werden ihn wohl die vielen Auslandsreisen, bei denen er immer sehr gut ankam, ermutigt haben. Aber das war ihm für sein Amtsverständnis zu wenig.

Gegen Ende seines Pontifikates gab es aber dann dennoch für ihn erfreuliche Erfolgserlebnisse.

Das Heilige Jahr 1975

Auf einmal rückte die Kirche wieder mit positiven Vorzeichen in die Öffentlichkeit. Paul VI. hatte den berühmten Regisseur

Franco Zefirelli mit der Inszenierung der Eröffnungsfeierlichkeit am Abend des 25. Dezember 1974 beauftragt.[66] Über eine Milliarde Menschen verfolgte dieses Ereignis via Fernsehen. Der Pilgerstrom nach Rom nahm zu. Der zum Teil schon vom Alter geschwächte Papst machte auf einmal wieder einen entspannten, ja heiteren Eindruck. Das inspirierte ihn wohl auch zu einem ganz bedeutenden Schreiben.

Das postsynodale Schreiben *Evangelii nuntiandi*

1974 wurde in Rom eine Bischofssynode über „die Evangelisation in der Welt von heute" abgehalten. Der Papst nahm die Vorschläge der Bischöfe der Synode in sein nachsynodales Schreiben *Evangelii nuntiandi* vom 8. Dezember 1975 auf. Es war das letzte offizielle Schreiben des Papstes, das aber eine sehr hohe Akzeptanz erfuhr. Es machte der Kirche Mut, die Lehre Jesu in die ganze Welt und zu allen Kulturen zu tragen, nicht so sehr durch Belehrung und Predigt, sondern durch das Zeugnis christlichen Lebens. Ein Satz dieses Schreibens hat mich besonders berührt, und ich habe ihn in meiner Verantwortung für die Erwachsenenbildung in der österreichischen Bischofskonferenz immer wieder zitiert: „Der heutige Mensch, so sagten wir kürzlich zu einer Gruppe von Laien, hört lieber auf Zeugen als auf Gelehrte und wenn er auf Gelehrte hört, dann deshalb, weil sie Zeugen sind."[67] Und der Papst weiter: „Die Evangelisierung der Welt geschieht also vor allem durch das Verhalten, durch das Leben der Kirche, das heißt durch das gelebte Zeugnis der Treue zu Jesus, dem Herrn, durch das gelebte Zeugnis der Armut und inneren Loslösung und der Freiheit gegenüber den Mächten dieser Welt, kurz der Heiligkeit."[68] Ein Wort, das man fast als geistliches Testament von Paul VI. an die Kirche von heute bezeichnen könnte.

Übrigens spricht ganz in diesem Sinn auch Papst Franziskus in seinem Schreiben *Evangelii gaudium.*

Sein Tod am Fest der Verklärung

Ich erinnere mich an die heißen Augusttage im Sommer 1978. Wir verfolgten ständig die Nachrichten aus Rom über den Gesundheitszustand des Papstes. Am 6. August, um 21.40 Uhr starb der Papst. An diesem Tag feierte die Kirche das Fest der Verklärung des Herrn. Ich freute mich über dieses zeichenhafte Zusammentreffen: Er darf nun den Verklärten wirklich schauen.

Auch an das Begräbnis erinnere ich mich noch sehr gut, wir verfolgten es mit Andacht im Fernsehen mit. Ein schlichter Sarg aus Zypressenholz, ohne päpstliche Insignien, nur eine Bibel lag darauf, aufgeschlagen, sodass der Wind die Blätter wenden konnte.

Am 19. Oktober 2014 wurde Paul VI. am Ende der Bischofssynode für Ehe und Familie seliggesprochen. Auf der Synode selbst wurde *Humanae vitae* nicht erwähnt, wohl aber die Pflicht zur uneingeschränkten Weitergabe des Lebens eingeschärft. Es drängte sich mir der Gedanke auf: Wurde Paul VI. nun gerade zu diesem Zeitpunkt *wegen Humanae vitae* seliggesprochen, oder *trotz* der oft kritisierten Aussagen? Es scheint, als stünde auch hier wie bei der Selig- und Heiligsprechung Johannes' XXIII. ein kirchenpolitisches Kalkül dahinter. Durch die Seligsprechung hatte man sich zu *Humanae vitae* bekannt, ohne sie nennen zu müssen.

Wie Kardinal Karl-Josef Rauber Papst Paul VI. erlebte

Mit Karl-Josef Rauber habe ich zu Beginn des Konzils gemeinsam in Rom Kirchenrecht studiert. Der aus Deutschland stammende Rauber entschied sich danach für die diplomatische Laufbahn. Er war u. a. Sekretär bei Erzbischof Giovanni Benelli, der eine ganz bedeutende Rolle in der Regierung von Paul VI. spielte, später Nuntius in mehreren Ländern. Ich besuchte ihn in Bern, wo er den heiklen Fall der Spannungen mit Bischof Wolfgang Haas in Chur zu lösen hatte. Als er Nuntius in Ungarn war, suchte ich ihn in Budapest auf, um mir Ratschläge zu holen, wie ich mich Kardinal Ratzinger gegenüber verhalten sollte, der mich wegen meines Buches „Im Sprung gehemmt" nach Rom zitiert hatte. Zuletzt war Rauber Nuntius in Belgien, wo er auch eine kritische Rolle bei einer Bischofsernennung spielte. Wegen seiner Zusammenarbeit mit Benelli war Rauber, wie dieser, in der Kurie nicht beliebt. Umso mehr staunten wir, als er beim letzten Konsistorium von Papst Franziskus als Einziger aus dem deutschsprachigen Raum zum Kardinal ernannt wurde, und das im Alter von 80 Jahren. Wegen seiner großen Erfahrung bat ich ihn um seine Eindrücke über Paul VI.

Der selige Papst Paul VI. war bekanntlich lange Jahre Substitut und später Pro-Staatssekretär im Staatssekretariat unter Pius XII. gewesen. Er kannte die Kurie, ihre Personen und Institutionen. Daher war er auch der Papst, der die Wünsche der Konzilsväter hinsichtlich der Reform der Kurie und des diplomatischen Dienstes verwirklichen konnte. Paul VI. hatte die Ideen, die Umsetzung in die Praxis vertraute er dem von ihm ernannten Substituten Erzbischof Giovanni Benelli an, der einige Jahre sein Sekretär gewesen war, als er selbst Substitut war, und mit dem er auch später als Erzbischof von Mailand immer verbunden geblieben ist. Zwischen dem Papst und dem Substituten bahnte sich zunächst im Hinblick auf die Kurienreform eine sehr enge Zusammenarbeit an, die bis zur Ernennung Benellis zum Erzbischof und Kardinal von Florenz andauerte. Fast täglich wurde der Substitut vom Papst zu Gesprächen gerufen. Kardinalstaatssekretär Villot und Erzbischof Casaroli, der Leiter des damals sogenannten Päpstlichen Rates für die Beziehungen zu den Staaten, wurden gewöhnlich nur einmal in der Woche angehört. In den späteren Jahren, als der Papst wegen schmerzhafter Arthritis nicht schlafen konnte, rief er Erzbischof Benelli auch nachts (oft um ein Uhr nachts) zu sich, um mit ihm verschiedene Probleme zu besprechen und so die schmerzhaften Stunden zu überbrücken.

Da Paul VI. das Staatssekretariat bis in den letzten Winkel kannte, besuchte er es als Papst nur einmal, und zwar als Monsignore Pausillo, einer seiner früheren Mitarbeiter, plötzlich infolge eines Herzinfarktes verstarb. Die Akten, Dokumente und Briefe, die zur Kenntnis des Papstes gelangen sollten, wurden zweimal am Tag in großen, voll bepackten Taschen zur päpstlichen Wohnung im dritten Stock des Apostolischen Palastes gebracht. Und zweimal am Tag wurden sie wieder zum Staatssekretariat zurückgebracht. Der Papst hatte jedes Mal alle Akten genau gelesen und mit seinen sehr treffenden Bemerkungen versehen. Er benutzte dabei einen Federhalter mit blauer Tinte oder einen Bleistift.

Die Mittwochsansprachen, wie viele andere Ansprachen auf seinen Reisen und Teile von Enzykliken, hat Paul VI. mit blauer Tinte auf weißem Papier selbst geschrieben. Er hatte eine schöne, gut lesbare Handschrift. Alles war immer zügig geschrieben, kaum einmal war ein Wort verbessert. Paul VI. war ein Meister der italienischen Sprache. Er benutzte sehr viel französische theologische Literatur, manchmal auch deutsche Autoren, zum Beispiel Schriften der damaligen Professoren Ratzinger und von Balthasar sowie des Mainzer Kardinals Hermann Volk.

Mit gleicher Sorgfalt hat Paul VI. auch seine private Korrespondenz verfasst. Ich wundere mich noch heute darüber, dass zur damaligen Zeit in der päpstlichen Wohnung kein Kopierer verfügbar war, sondern alle Ablichtungen im Staatssekretariat hergestellt werden mussten. Meist wurde ich damit beauftragt. Ich habe die Korrespondenz selbst nie gelesen, nur die Anschriften: an seinen Bruder Senator Lodovico Montini oder an Aldo Moro. Eine große Verehrung hatte Paul VI. für Pius XII. Sein Andenken schützte er gegenüber der italienischen und der jüdischen Presse.

In den privaten Begegnungen mit dem Papst war ich sehr angetan von seiner großen Freundlichkeit, Einfachheit und Demut. Auch in den Audienzen, bei denen ich als Übersetzer zugegen war, bemühte sich der Papst, auf seinen Gesprächspartner einzugehen. Er sprach sehr gut Französisch und Spanisch. Auch in Latein wusste er sich gut auszudrücken. Im Englischen und Deutschen konnte er einfache, nette Sätze sagen, aber keine Unterhaltung führen. Er überraschte seine Mitarbeiter und oftmals auch die Teilnehmer an den Audienzen durch freundliche Gesten und Geschenke. Beim Tod meiner Mutter sandte er seinen Sekretär, Monsignore Pasquale Macchi, mit einem Buch zu mir. Die Seite war aufgeschlagen, wo der hl. Augustinus vom

Sterben seiner Mutter berichtet. Am Ende meiner Dienstzeit im Staatssekretariat und vor meiner Versetzung an die Nuntiatur in Belgien erhielt ich vom Papst ein Handschreiben, mit dem er mir seinen Dank und seine Segenswünsche übermittelte und eine kleine silberne Büste des hl. Augustinus als Geschenk beilegte. Natürlich erhielten auch andere Mitarbeiter von ihm Dankschreiben und kleine Geschenke. Für die Bischöfe aus den Missionsgebieten und für manchen in Not geratenen europäischen Bischof öffnete er freigebig seine Privatschatulle.

Wie mir sein Sekretär Bruno Bossi erzählte, sah Paul VI. zusammen mit seinen Sekretären am Abend zur Entspannung manchmal einen Kriminalfilm. Wahrscheinlich war er dabei von anderen Gedanken abgelenkt, sodass ihm seine Sekretäre die Handlung nachher erklären und ihm den Täter benennen mussten. Mons. Benelli erzählte mir einmal, dass er bei einer Unterredung mit dem Papst sehr habe lachen müssen, da dieser verschiedene Personen der Kurie hervorragend nachahmen konnte. In Castel Gandolfo sah ich einmal, wie der Papst Kardinal Villot schmunzelnd einlud, auf seinem Thronsessel Platz zu nehmen, was dieser natürlich ablehnte. Kardinal Felici, vom Papst eingeladen, Platz zu nehmen, legte seinen Hut auf einen Stuhl. Der Papst legte daraufhin seinen Hut daneben und gab der Hoffnung Ausdruck, dass die beiden Hüte sich vertragen möchten.

Papst Paul VI. war ein Mann von großer Demut. Negative Presseberichte und Karikaturen machten ihn nicht betroffen. Er ertrug die vielen negativen Reaktionen auf seine Enzyklika *Humanae vitae* mit großer Gelassenheit. Es gab keine Zornesausbrüche, sondern nur das Bedauern, dass das Anliegen der Enzyklika und ihr Blick in die Zukunft der Menschheit nicht gewürdigt bzw. verstanden würden. Seine Demut ging so weit, dass er sich vor dem Abgesandten des russischen Patriarchen trotz der heftigen Schmerzen, die seine Arthritis verursachte, hinkniete und ihm die Füße küsste. Seine Demut und Bescheidenheit kamen auch in der im Sinne des Konzils gewünschten Vereinfachung der päpstlichen Liturgie zum Ausdruck, die er zielstrebig durchsetzte – durch den Verzicht auf die Tiara und die spezifischen päpstlichen Gewänder, Fanon und Falda, und auf die die Papstmesse begleitenden Besonderheiten wie die silbernen Posaunen, die Pfauenwedel und die adeligen Thronassistenten.

Paul VI. war feinfühlig und feinsinnig. Er interessierte sich für die Kunst der Gegenwart und für die französische Literatur und hatte gute Verbindungen zu namhaften Künstlern. Er hatte einen guten Geschmack, der sich in der Ausgestaltung der päpstlichen Gemächer zeigte. Als Frucht seiner Tätigkeit unter Pius XII. sind sein Engagement für den Frieden (Weltfriedenstag) und die von der Presse, vor allem auch in Deutschland, so betitelte Ostpolitik zu nennen, die nichts anderes war als das Bemühen, für die Kirche hinter dem Eisernen Vorhang Freiplätze zu schaffen sowie das kirchliche Leben zu ermöglichen und zu fördern. Auch in der sogenannten freien Welt lagen ihm die Festigung und Vertiefung des Glaubens und die soziale Gerechtigkeit am Herzen. Seine Enzykliken *Ecclesiam suam*, *Populorum progressio* und *Evangelii nuntiandi* sind auch heute noch Meilensteine.

Johannes Paul I. **Albino Luciani**

17. Oktober 1912	Geboren in Canale d'Agordo, Provinz Belluno (Venetien)
7. Juli1935	Priesterweihe in Belluno
1935–1937	Kaplan in seinem Heimatort Canale d'Agordo
1937–1947	Vizerektor und Dozent am Priesterseminar von Belluno
1947–1958	diverse Aufgaben im Bischöflichen Ordinariat von Belluno, u. a. Direktor des Katechetischen Büros und Pro-Generalvikar
27. Dezember 1958	Weihe zum Bischof von Vittorio Veneto
1969–1978	Patriarch von Venedig
5. März 1973	Erhebung zum Kardinal
26. August 1978	Papstwahl
28. September 1978	Gestorben in Rom

Johannes Paul I.
1978 (26. August bis
28. September)

Der Papst, der bis zum
letzten Herzschlag lächelte

Als ich am 28. September noch halb schlaftrunken die Morgen-
nachrichten im Radio hörte, war ich ganz verwirrt. Sie sagten
nämlich, der Papst sei gestorben. Aber das war doch schon am 6.
August? Dann aber wurde mir klar, dass es der neue Papst war,
Johannes Paul I., der gestorben ist, 33 Tage nach seiner Wahl.
Eine zu kurze Zeit, um sich ein umfassendes Bild von diesem
Papst machen zu können. Ich habe aber durch einen prominenten Augenzeugen viel von ihm erfahren, und zwar durch Monsignore John Magee. Dieser irische Priester war mehrere Jahre
in der Mission in Kenia, dann in Rom in der Propaganda Fidei
tätig und seit 1976 Sekretär bei Paul VI. Als er nach dessen Tod
dem Nachfolger Albino Luciani beim „Umzug" in die Papstge-
mächer half, bat ihn dieser, doch auch bei ihm als Sekretär zu
bleiben. Später wurde Magee Zeremoniär von Johannes Paul
II., und als solcher war er für die Gestaltung der Gottesdienste
beim Besuch des Papstes 1983 in Österreich zuständig. Ich hatte
damals die Organisation über und arbeitete daher mit Magee
sowohl in Rom als auch in Wien intensiv zusammen. Von ihm

habe ich vielleicht mehr über Johannes Paul I. erfahren als aus Biographien.

Das Pontifikat Johannes Pauls I. ist eines der kürzesten in der Papstgeschichte. Nur Marcellus II. war im Jahr 1555 noch kürzer Papst, nämlich 22 Tage.[69] Trotzdem war diese kurze Zeit voll von Erwartungen, aber auch von Gerüchten, und über allem glänzte sein begeisterndes, freundliches Lächeln.

Erwartungen

Man erwartete einen Papst, der die Spaltung in der nachkonziliaren Zeit, die bis in die Kurie reichte, lösen könnte. Es sollte ein Mann mit besonderer Begabung zur Versöhnung sein. Bei der Papstwahl war Kardinal Giuseppe Siri aus Genua der Kandidat der konservativen Gruppe. Doch schon nach dem zweiten Wahlgang zeichnete sich eine andere Entscheidung ab. Noch am ersten Tag des Konklaves wurde Albino Luciani, Patriarch von Venedig, im vierten Wahlgang mit großer Mehrheit zum Papst gewählt.[70] Luciani hat dieses Amt sicher nie angestrebt. Als ihm Kardinal Villot als Camerlengo nach der Wahl die offizielle Frage stellte, ob er annehme, antwortet er „Ja", aber mit dem inzwischen weltbekannten Zusatz: „Gott möge euch vergeben, was ihr mir angetan habt."

Hans Küng schreibt über die Wahl: „Ich freute mich aufrichtig"[71], und berichtet über seine besondere „Beziehung" zu Luciani. Kurz vorher hatte ein Tübinger Chor im Markusdom von Venedig ein großes Konzert gegeben. Als der Musikdirektor Alexander Sumski den Patriarchen besuchte, sah er auf dessen Schreibtisch das Buch „Christ sein" von Hans Küng liegen. Bischof Gargitter von Bozen-Brixen hatte es ihm geschenkt. Luciani bat, Hans Küng freundliche Grüße auszurichten. Dieser dankte brieflich sehr herzlich und übersandte ihm das inzwischen ins Italienische übersetzte Buch.

Albino Luciani war von Kindheit an immer kränklich. Als Priester war er unermüdlich um die Seelsorge bemüht. Nach Jahren in der Priesterausbildung ernannte ihn Johannes XXIII., der ihn sehr schätzte, 1958 zum Bischof von Vittorio Veneto. Nach dem Tod von Giovanni Urbani, dem Patriarchen von Venedig, ernannte Paul VI. Luciani 1969 zum Erzbischof und Patriarchen von Venedig. In Verbundenheit zu diesen beiden Päpsten und zum Zeichen, die vom Konzil gewiesenen Wege weiterzugehen, hat sich Luciani den Doppelnamen Johannes Paul gewählt.

Als sein Regierungsprogramm nannte er ganz im Geist von Paul VI. die Weiterführung der Ideen des Konzils, die Einheit der Christen und den Einsatz für den Frieden in der Welt.[72] Aber wie bei jedem neuen Anfang gingen die Erwartungen vieler in der Kirche weit darüber hinaus. Luciani war in seinem kirchenpolitischen Denken schwer einzuschätzen. Beim Konzil war er kaum aufgefallen. Auch als Diözesanbischof war er vor allem Seelsorger und keiner bestimmten Denkrichtung im Klerus zuzuordnen. Das hatte nun zur Folge, dass jeder das von ihm erwartete, was er selbst als wichtig erachtete und was sich in den letzten Jahren der Regierung Pauls VI. aufgestaut hatte. Man wünschte sich Dezentralisierung in der Kirchenleitung, Mitsprache bei Bischofsernennungen, ein Weiterdenken von *Humanae vitae*, ja es kam sogar das Gerücht auf, unter Johannes Paul I. werde der Zölibat aufgehoben werden. Heute kann niemand sagen, welchen Problemen der neue Papst wirklich besondere Bedeutung beigemessen hätte. Sicher aber belastete ihn die ungeheure Zahl an Erwartungen von Anfang an schwer.

Schauerliche Gerüchte im Zusammenhang mit seinem plötzlichen Tod

Zwei Gründe gaben diesen Gerüchten Nahrung: einmal die mysteriösen Todesfälle rund um die vatikanische Finanzwelt. Am bekanntesten ist wohl, wie Roberto Calvi, Chef der Mailänder Bank Banco Ambrosiano, die mit der Kirche eng verbunden war, unter einer Londoner Brücke erhängt aufgefunden wurde. Zum anderen aber eine viel zu wenig transparente offizielle Darstellung des Todes des Papstes. Monsignore Magee hat mir die Vorkommnisse aus seiner Sicht erzählt, als ich am 3. September 1983 mit ihm im Auto nach Mariazell fuhr, um dort den Gottesdienst mit Papst Johannes Paul II. vorzubereiten.[73] Magee erzählte, dass Luciani schon mit einem schweren Herzleiden in den Vatikan gekommen sei. Er hatte Wasser in den Beinen und immer wieder Herzbeschwerden. Seine Umgebung mahnte ihn, doch seinen Arzt aus Venedig kommen zu lassen, der seinen Gesundheitszustand ja am besten kannte. Der Papst aber lehnte ab. Mit den täglichen Amtsgeschäften erschien er seiner Umgebung stark überfordert. Täglich kam Kardinalstaatssekretär Villot, um ihm zu helfen. Der Papst ging gerne auf die Dachterrasse. Einmal hatte er wichtige, geheime Akten zum Studium mit. Sie fielen ihm aus der Hand und lagen dann weit unten im Damasushof zerstreut. War das Unsicherheit oder ein Blackout? Der Papst dachte und redete verschiedentlich über das Sterben. Für die österliche Bußzeit 1979 plante er schon die gemeinsamen Exerzitien im Vatikan und hatte als Thema vorgeschlagen: „Über den guten Tod".

Den Tod des Papstes erlebte Magee so: Am Abend vorher ging es dem Papst nicht gut, er klagte über Kopfschmerzen. Zeitlich in der Früh habe ihn dann die geistliche Schwester, die dem Papst immer eine Schale Kaffee zum Bett brachte, alarmiert. Sie berichtete: Der Papst sitzt reglos im Bett und scheint tot zu sein. Auf seiner Bettdecke fand man Akten, die er offenbar noch studiert hatte. Der sofort herbeigerufene Vatikanarzt stellte den Tod fest, der schon vor Stunden eingetreten sein musste.

So schilderte mir Magee den Tod des Papstes. Er ist ein Kronzeuge dafür, dass dieser Tod viel zu früh kam, aber medizinisch und menschlich durchaus erklärbar war. Von Magee wird der Satz überliefert: „Er ist zusammengebrochen unter einer Bürde, die zu groß war für seine schmalen Schultern, und unter der Last seiner unermesslichen Einsamkeit."[74]

Der lächelnde Papst

Als lächelnder Papst ist Albino Luciani in die Geschichte eingegangen. So erschien er bei seinem ersten Auftreten nach der Wahl, als ihm die Kardinäle bei der Amtseinführung „huldigten", und so bleibt er uns in Erinnerung. War das wirklich ein Lächeln innerer Freude, in sich ruhender Gelassenheit? Wenn ich seine Überforderung ansehe, wie sie Magee einfühlsam beschrieben hat, die offensichtliche Hilflosigkeit in der Amtsausübung, dann kommt mir der Gedanke, dass das Lächeln auch aus einer Verlegenheit kommen könnte, um die eigene Unsicherheit zu verbergen. Das schmälert nicht seine tiefe Frömmigkeit und seinen bedingungslosen Einsatz für die Kirche, auch über die eigenen Kräfte hinaus. Es gibt dem Lächeln aber doch eine andere, wirklichkeitsnahe Deutung.

Was blieb für mich von diesen 33 Tagen?

Zunächst das Gedächtnis an einen Priester und Bischof Albino Luciani, der sich im wahrsten Sinn des Wortes bis zum letzten Herzschlag für die Kirche aufopferte. Dann die vorwurfsvolle Frage an die Konklavisten, ob sie sich bewusst waren, dass sie ihm eine Last aufgebürdet hatten, die er nach menschlichem Ermessen gar nicht zu tragen imstande war. Eine wachsende Mehrheit, selbst in einem Konklave, muss nicht ein Zeichen dafür sein, dass sich hier der Heilige Geist zu Worte meldet. Schließlich ziehe ich für mich persönlich die Lehre, dass Gehorsam Grenzen hat und dass jeder im Letzten allein vor Gott für sein Tun verantwortlich ist. Die Frage am Ende einer Wahl, „Nimmst du an?", ist nicht nur eine rhetorische, sondern kann oder muss im Grenzfall in nüchterner Selbsteinschätzung auch einmal mit Nein beantwortet werden.

Johannes Paul II.   **Karol Józef Wojtyła**

18. Mai 1920	Geboren in Wadowice, Polen
1. November 1946	heimliche Priesterweihe in Krakau
1947–1948	Studium in Rom mit Doktorat in Philosophie und Theologie
Ab 1948	Kaplan in Niegowić bei Gdów und später in der Krakauer Studentenkirche St. Florian
1953–1958	Professor für Moraltheologie in Krakau
1954–1958	Lehrauftrag für Philosophie und Sozialethik an der Katholischen Universität von Lublin
28. September 1958	Bischofsweihe in Krakau (Weihbischof)
13. Jänner 1964	Ernennung zum Erzbischof von Krakau
26. Juni 1967	Erhebung zum Kardinal
16. Oktober 1978	Wahl zum Papst
13. Mai 1981	Schussattentat, das er schwer verletzt überlebte
1983, 1988 und 1998	Besuche in Österreich
27. Oktober 1986	interreligiöses Friedenstreffen in Assisi
2. April 2005	Gestorben in Rom
1. Mai 2011	Seligsprechung durch Papst Benedikt XVI.
27. April 2014	Heiligsprechung durch Papst Franziskus. Sein Gedenktag ist der 22. Oktober, der Tag seiner Inthronisation im Jahr 1978.

Johannes Paul II.
1978–2005

Der Papst, der weltbewegend
nach außen wirkte, sich aber
um die innerkirchliche
Erneuerung zu wenig mühte

Am Nachmittag des 17. Oktober 1978 fuhr ich von einer Veranstaltung im Bildungshaus Puchberg bei Wels (Oberösterreich) mit dem Auto nach Wien zurück, als ich im Radio die Meldung hörte, dass der Erzbischof von Krakau Karol Wojtyla zum Papst gewählt worden sei. Er hatte den Namen Johannes Paul II. angenommen. Ich freute mich, war es doch seit 400 Jahren zum ersten Mal wieder ein Papst, der nicht aus Italien kam. Der letzte war der Niederländer Hadrian VI. (1522/23) gewesen, dessen berühmtes Grabmal in der Kirche Santa Maria dell'Anima mir seit meinem Studienaufenthalt in Rom noch gut in Erinnerung ist.

Der Papst, der mein Bischofsleben am meisten beeinflusst und geprägt hat

In den 27 Jahren des Pontifikates von Johannes Paul II. hatte ich als Weihbischof in der Erzdiözese Wien, in der österreichischen Bischofskonferenz und auch darüber hinaus viele Aufgaben. Unter anderem hatte ich 1983 den ersten Papstbesuch von Johannes Paul II. in Österreich zu organisieren. Am 17. September 1985 wurde ich nach dem Rücktritt von Kardinal König aus Altersgründen vom Wiener Domkapitel zum Diözesanadministrator gewählt. Ich erlebte die Bischofsernennungen für Wien, Salzburg, Feldkirch und St. Pölten, in die ich mich (vergeblich) einzumischen versuchte. Wegen meiner zum Teil kritischen Bücher wurde ich mehrmals in Rom angezeigt, einmal sogar vorgeladen.[75]

Wien war immer ein Treffpunkt für ausländische Bischöfe. So ergaben sich für mich auch Beziehungen zu polnischen Bischöfen wie Kardinal Franciszek Macharski, dem Nachfolger von Karol Wojtyla in Krakau, Herbert Bednorz, dem Bischof von Kattowitz, Josef Zyciński von Tarnow und später von Lublin, mit dem ich in der polnischen Stiftung Janineum für Stipendiaten zusammenarbeitete, und vor allem zu Bischof Alfons Nossol aus Oppeln. Mit ihm verbindet mich bis heute eine herzliche Freundschaft. Darum habe ich ihn gebeten, mir für dieses Buch zu schreiben, welche Schwerpunkte er im Pontifikat Johannes Pauls II. sieht, wie diese sich auf die Kirche in Polen auswirkten und was sich seiner Meinung nach als nachhaltig für die Kirche allgemein erwiesen hat.

Wie Bischof Alfons Nossol den ersten Kontakt mit Karol Wojtyla knüpfte

Mit dem späteren Papst Johannes Paul II. kam ich an der Katholischen Universität in Lublin 1957/58 näher zusammen, als ich als Doktorand mein Spezialstudium begonnen hatte. Professor Karol Wojtyla umschrieb den Titel seiner Vorlesung mit „Versuch einer

Begründung katholischer Sexualmoral anhand des phänomeno-logischen Systems von Max Scheler (Das Ewige im Menschen)" – ein wichtiges, aber schwieriges Thema. Er trug es auch ziemlich „schwierig" (und dazu noch schnell) vor. Über 120 Studentinnen und Studenten wählten es, aber bis zum Schluss, zum Examen, schafften es nur vier (zwei Studentinnen, ein Laienstudent und ich). Den Text der Vorlesung hat Kardinal Wojtyla später unter dem Titel „Liebe und Verantwortung" als Buch veröffentlicht. Als ich später den Papst öfter im Vatikan besuchen durfte, stellte ich fest, die Entstehung des Textes sei eine Art „kniende bzw. beten-de Theologie" gewesen, nicht Frucht der sogenannten „sitzenden bzw. diskutierenden Theologie". Als Bischof und Kardinal leitete Wojtyla den Wissenschaftsrat der polnischen Bischofskonferenz. Als er in den Vatikan ging, hat man mir diesen Rat übertragen.

Dann beantwortete Bischof Nossol meine Fragen in 19 Punkten. Darauf werde ich im Folgenden jeweils mit Verweis auf ihn Bezug nehmen.

Welchen Einfluss hatte Kardinal König im Konklave?

Viele meinen, dass Kardinal König den Namen von Kardinal Wojtyla für die Wahl des neuen Papstes ins Gespräch gebracht habe. Das schreibt z. B. Hans Küng und glaubt, dass König das gemeinsam mit deutschen Kardinälen getan hätte.[76] Ich selbst war mehrmals Zeuge, als König von Journalisten befragt wurde, ob er für Wojtyla geworben habe. Schmunzelnd antwortete er zumeist: „Wenn Sie glauben?" Eine weitere Anekdote, die weit verbreitet ist, besagt, König habe vor dem Konklave zu Kardinal

Wyszyński, dem Primas von Polen, gesagt: „Es wäre Zeit, dass ein polnischer Kardinal Papst wird." Wyszyński soll geantwortet haben: „Das geht nicht, ich bin schon zu alt." König hätte aber gar nicht ihn gemeint, sondern Kardinal Wojtyla.

Königs Einflussnahme wäre auch in einem besonders freundschaftlichen Nahverhältnis der beiden begründet gewesen, meinen manche Biographen. Wojtyla hätte beispielsweise bei seinen Reisen nach Rom immer einen Zwischenaufenthalt im „Episkopalpalais von Wien" eingelegt.[77] Ich habe mit König im selben Haus gewohnt, Wojtyla dort aber nie gesehen. Er übernachtete immer in der Nuntiatur oder bei polnischen Freunden. König warb nicht aufgrund freundschaftlicher Beziehungen für einen Papst „aus dem Osten", sondern weil er ein besonderes Interesse an den Verbindungen mit der Kirche im Osten hatte. So hatte König ja schon am 4. November 1964, also vor der Verabschiedung des Konzilsdokumentes *Unitatis redintegratio*, die Stiftung Pro Oriente gegründet mit der Zielrichtung, Verbindungen zu den orthodoxen und den orientalischen Kirchen aufzunehmen. Wien war dafür als Ausgangspunkt günstig, weil vom neutralen Österreich aus der Zugang zum Osten leichter war.

Johannes Paul II. gab dem Papstamt neue Dimensionen

Johannes Paul II. prägte die Kirche als Papst durch 27 Jahre und brachte sie in der Welt zu höchstem Ansehen. Er löste eine politische Wende aus, rief zur Ökumene auf und nannte die Juden unsere „älteren Brüder". Die Weltreligionen verwies er auf die gemeinsame Verantwortung für den Frieden. Alfons Nossol betont, dass es dem Papst in Verkündigung und Lehre, in Theologie und Philosophie immer um den Menschen ging, besonders um den Menschen in seiner unverletzbaren Würde. „Der kürzeste Weg zu Gott ist der Mensch, der Mensch ist ‚der Weg der Kirche‘", so zitiert Nossol den Papst. Daraus folgen „christologische Konzentration und anthropologische Integration". Der Papst wollte eine Zivilisation der Liebe aufbauen. Ihre Struktur – so schreibt Nossol – „ist der Primat der Person vor der Sache, der Ethik vor der Technik, des ‚Mehrseins‘ vor dem ‚Mehrhaben‘ und der Barmherzigkeit vor der Gerechtigkeit."

Johannes Paul II. machte die Welt zu seiner Bühne

Als Papst unternahm Karol Wojtyla über 60 große Reisen in alle Kontinente. Er hatte eine große Begabung, mit der Masse zu kommunizieren. Dazu verhalf ihm nicht nur die Kenntnis verschiedener Sprachen, sondern auch sein schauspielerisches Talent, das ihn schon als Studenten auszeichnete. Er wollte dadurch auch „die Bedeutung des Petrusamtes für die Weltkirche zeigen und die Universalität der Kirche Christi" (Nossol).

Der Papst ruft die Jugend und sie kommt

Johannes Paul II. hat 1986 die Weltjugendtage ins Leben gerufen. Begonnen hatte alles mit zwei Jugendtreffen jeweils am Palmsonntag in Rom, und zwar 1984 anlässlich des Heiligen Jahres und 1985 zum „Jahr der Jugend der Vereinten Nationen". Am 20. Dezember 1985 kündigte der Papst dann die Einführung der Weltjugendtage an, die später alle zwei Jahre in verschiedenen Ländern abgehalten wurden. Es kamen meist über eine Million Jugendliche zusammen, in Manila im Jänner 1995 waren es sogar vier Millionen. Für mich war das eine eigenartige Erfahrung. In einer

Zeit, in der sich die Jugend sonst von der Kirche eher abwandte, versammelte sie sich in so großer Masse um den Papst. Ich erlebte zum ersten Mal, dass ein charismatischer Papst als Person die Menschen mehr anziehen kann als die Kirche, die er gerade leitet. Heute sehen wir unter Papst Franziskus das Gleiche. Wer waren aber die Jugendlichen bei den Weltjugendtagen? Einmal Gruppen aus den neuen, charismatischen Bewegungen. Sie machten sich bemerkbar durch laute Sprechchöre, wie: „Johannes Paul der Zweite, wir steh'n an deiner Seite!" Dann waren es Jugendliche mit loser Verbindung zur Kirche, die sich etwa gerade auf die Firmung vorbereiteten, sich dann aber oft wieder entfernten. Schließlich aber war da eine große Gruppe, die die Gelegenheit wahrnahm, auf diese Weise „in die weite Welt" zu kommen. Anziehend war für sie das internationale Treffen, das große Event und ein Papst mit einer faszinierenden Ausstrahlung. Dabei dachten viele dieser Jugendlichen etwa über Sexualität und Partnerschaft ganz anders als der Papst. Aber über diese Themen sprach er bei diesen großen Treffen auch gar nicht.

Nach jedem dieser Treffen hörte ich aus sonst konservativ besorgten Kreisen die positive Rückmeldung: „Die Kirche hat die Jugend doch wieder gewonnen. Die Kirche *ist* jung." Ein Blick in den Alltag unserer Gemeinden zeigt aber ein anderes Bild. Die „Alten" überwiegen. Ich habe mich gefragt, ob es nicht gelingen müsste, nachhaltigere Wirkungen aus diesen Jugendtreffen zu erzielen?

Ein Papst in der Hauptsynagoge von Rom

Karol Wojtyla ist in seiner Geburtsstadt Wadowice in einem Umfeld aufgewachsen, in dem Katholiken und Juden gut zusammenlebten.[78] Als Pole hatte er dann die Gräueltaten des Holocaust hautnah miterlebt. Er war dabei, als beim Konzil um die Judenerklärung in *Nostra aetate* gerungen wurde. Eine weltweit beachtete Geste setzte er am 13. April 1986, als er als erster Papst die Hauptsynagoge in Rom besuchte. Er umarmte den Oberrabbiner Elio Toaff. In seiner Rede bedauerte er die Mitschuld der Christen am wachsenden Judenhass in der Geschichte und gab dann kurz wieder, welche innere, theologische Bindung die Christen an das Judentum haben:

1) „Die jüdische Religion ist für uns nicht etwas ‚Äußerliches‘, sondern gehört in gewisser Weise zum ‚Inneren‘ unserer Religion. Zu ihr haben wir somit Beziehungen wie zu keiner anderen Religion. Ihr seid unsere bevorzugten Brüder und, so könnte man gewissermaßen sagen, *unsere älteren Brüder.*"

2) Den Juden als Volk kann keine dauernde oder kollektive Schuld an den „Ereignissen des Leidens Jesu" angelastet werden. Haltlos ist daher jede angeblich theologische Rechtfertigung für eine Diskriminierung oder gar Verfolgung der Juden.

3) Es ist falsch, aus der Heiligen Schrift zu folgern, dass die Juden „verworfen" seien. Das Konzil betont sogar mit Berufung auf die Schrift, dass die Juden „weiterhin von Gott geliebt werden", der sie mit einer „unwiderruflichen Berufung" erwählt hat.[79]

Am Schluss bat der Oberrabbiner den Papst, der Vatikan möge diplomatische Beziehungen zum Staate Israel aufnehmen. 1993 veranlasste dies der Papst, wenn auch gegen die Einwände seines Staatssekretariates.[80]

Von dieser Begegnung in der Synagoge spreche ich oft bei meinen Vorträgen über das Konzil und zitiere vor allem die drei prägnanten Punkte, die das theologische Verhältnis zwischen

Juden und Christen deutlich machen. Leider wissen sehr viele Katholiken noch zu wenig, dass unser Glaube in der Erwählung Israels seinen Ursprung hat.

Spektakuläres Treffen der Führer der Weltreligionen in Assisi

Die umbrische Stadt Assisi wurde unter Johannes Paul II. zum Inbegriff der Begegnung der Weltreligionen. Die Inspiration dazu sei dem Papst 1986 bei seiner Reise nach Indien gekommen, und zwar am Grab Mahatma Gandhis.[81] Es drängte ihn die Sorge um den Weltfrieden angesichts eines neu beginnenden Wettrüstens der Großmächte. Seiner Einladung zu einem gemeinsamen Friedenstreffen nach Assisi folgten am 27. Oktober 1986 tatsächlich die Vertreter aller großen Weltreligionen. Der Papst empfing den Erzbischof von Canterbury, den Oberrabbiner von Rom, den Dalai Lama und weitere Emissäre der Buddhisten, die Vertreter der orthodoxen Kirchen, der Moslems, der Hindus, der Zoroastrier, der Sikhs, der Shintoisten sowie Vertreter afrikanischer und indianischer Stammesreligionen. Ein gemeinsames Gebet war nicht geplant und gar nicht möglich, aber alle Religionen sollten durch die ihnen eigenen Zeremonien einen Beitrag zum Weltfrieden leisten. „Die Herausforderung des Friedens transzendiert religiöse Unterschiede", sagte der Papst.[82]

Ich erinnere mich, dass aus konservativen Kreisen der Kurie, sogar bis hinein in die Glaubenskongregation, deren Präfekt Kardinal Ratzinger war, Kritik an dieser Versammlung kam. Man fürchtete, dass dadurch der Unterschied zwischen den Religionen verwischt würde und man einem Indifferentismus Raum gäbe. Der Papst hat damit aber genau die Aussageabsicht des Konzils in *Nostra aetate* unterstrichen, wo ja nicht die Lehre der einzelnen

Religionen zur Debatte stand, sondern das Zueinander und die gemeinsame Verantwortung der Religionen für die Gesellschaft. Das Konzil sieht es als eine Aufgabe der Kirche an, „Einheit und Liebe unter den Menschen und damit auch unter den Völkern zu fördern". So fasst sie vor allem das ins Auge, „was den Menschen gemeinsam ist und sie zur Gemeinschaft untereinander führt"[83]. Später glaubte Johannes Paul II., dass das gemeinsame Treffen der Religionsführer an jenem Tag „der Wendepunkt im Kalten Krieg und der Anfang vom Ende des Wettrüstens gewesen sei"[84]. Es ist schade, dass Hans Küng in seiner Biographie von Johannes Paul II. diesen Akzent bei solchen „Friedensgebeten" nicht sieht, sondern beklagt, dass der Papst wohl das Gespräch mit den Weltreligionen sucht, ihnen aber zugleich „defizitäre Formen des Glaubens" vorwirft.[85] Dabei geht für mich die Einladung nach Assisi genau in die Richtung, die Küng in seinem Bemühen um ein „Weltethos" zu Recht formuliert: „Frieden in der Welt gibt es nur, wenn es Frieden unter den Religionen gibt."

Der Papst, der die politische Lage in Europa tiefgreifend veränderte

Zwei Voraussetzungen begünstigten die Veränderung. Einmal, dass Karol Wojtyla aus einem kommunistisch regierten Land kam, in dem er Unterdrückung erlebte, aber auch Widerstand dagegen gelernt hatte. Zum anderen aber, weil Polen das einzige Land war, in dem das Volk, vor allem auch die Arbeiterschaft, damals in ganz enger Verbindung mit der Kirche stand.

Am 2. Juni 1979, also acht Monate nach seiner Wahl, kehrte Wojtyla als Papst „im Triumph" in seine Heimat zurück.[86] Mehr als eine Million Polen empfingen ihn schon bei seiner Ankunft. Sein Besuch wurde zu einer Manifestation des Bekennertums der Katholiken. Genau dazu wollte er seinen Landsleuten neuen Mut machen, aber auch Mut, in geeigneter Weise Widerstand gegen das Regime zu leisten. Bischof Nossol schreibt dazu: „Bei seinem Heimatbesuch 1979 beendete er seine Homilie am Warschauer Friedensplatz mit der Invokation: ‚Komm, Heiliger Geist und erneuere das Antlitz der Erde, *dieser* Erde.‘ Und es ging tatsächlich los" – so der Bischof –, „die Solidarność-Bewegung führte zur Wende in Polen und übte auch Einfluss auf die Freiheit von ganz Mitteleuropa aus."

Auch das war eine Absicht Johannes Pauls II., nicht nur der Kirche in Polen zu mehr Freiheit und Rechten zu verhelfen, sondern einen Beitrag zum Zusammenwachsen Europas zu leisten. Am zweiten Tag seines Besuches war er in Gnesen. Dort betonte er, dass Gott mit ihm „einen Slawen" zum Papst berufen habe und er darin eine besondere Verpflichtung sehe. „Ist es nicht der Wille Christi und liegt es nicht in der Absicht des Heiligen Geistes, dass dieser polnische Papst, dieser slawische Papst, gerade in diesem Augenblick die spirituelle Einheit des christlichen Europas manifestiert?" Er verschwieg aber auch nicht, dass die Christen selbst nicht eins seien und gab daher zu bedenken: „Allerdings gibt es im Osten und Westen zwei große Traditionen, denen das christliche Europa verpflichtet ist, doch beide bekennen sich zu einem Glauben, zu einer Taufe, zu einem Gott, unser aller Vater, dem Vater unseres Herrn Jesus Christus."[87] Er nahm aber auch die polnischen Bischöfe in die Pflicht, einen Beitrag für die Einheit Europas zu leisten. Nossol berichtet: „Er berief die Sitzung des Ständigen Rates der Polnischen Bischofskonferenz in den Vatikan, um uns vom Beitritt Polens zur Europäischen Union zu überzeugen."

Von Johannes Paul II. stammt das bekannte Bild, Europa müsse „mit beiden Lungenflügeln atmen", mit dem Westen und

Mit dem Durchschreiten der Heiligen Pforte eröffnet Papst Pius XII. das
Heilige Jahr 1950.

Papst Pius XII. – der unnahbare Repräsentant einer mächtigen Kirche

Außenminister Bruno Kreisky, Nuntius Giovanni Dellepiane und Unterrichtsminister Heinrich Drimmel unterzeichnen am 23. Juni 1960 die Zusatzvereinbarung zum Konkordat von 1933/34 zwischen dem Heiligen Stuhl und Österreich.

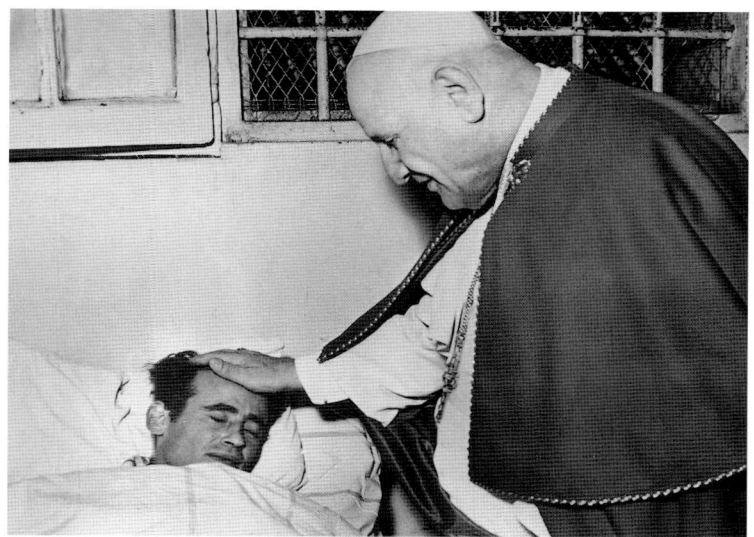

Papst Johannes XXIII. besuchte während der Weihnachtsfeiertage 1958 mehrere römische Sozialeinrichtungen und Krankenhäuser.

Die Wallfahrt von Johannes XXIII. nach Assisi und Loreto im Februar 1962 war die erste Reise, die ein Papst seit dem Verlust des Kirchenstaates im Jahre 1870 unternahm.

Am 15. Dezember 1958 wird der Wiener Erzbischof Franz König von Papst Johannes XXIII. zum Kardinal kreiert.

Privataudienz von Kardinal Franz König 1961 bei Papst Johannes XXIII. Rechts der Autor, damals Student an der päpstlichen Universität Gregoriana.

Der Petersdom als Versammlungsort der Bischöfe bei der Eröffnungssitzung des Zweiten Vatikanischen Konzils am 11. Oktober 1962.

Die Kardinäle Liénart, Frings und Bea – hier in angeregtem Gespräch in der Konzilsaula – haben das Konzil wesentlich mitgeprägt.

Der Versöhnungsprozess mit der Orthodoxie und die Begegnungen mit dem Patriarchen von Konstantinopel Athenagoras zählten zu den Höhepunkten im Pontifikat von Paul VI. Hier der Besuch von Athenagoras in Rom am 26. Oktober 1967.

Papst Paul VI. unternahm Reisen in alle Erdteile, sein Wort fand Gehör. Im Bild mit dem amerikanischen Präsidenten John F. Kennedy am 2. Juli 1963 in Rom.

Während seines gesamten Pontifikats pflegte Papst Paul VI. einen vertrauensvollen Umgang mit Kardinal Franz König. 1963 suchte der Papst König sogar für eine längere Unterredung an seinem römischen Wohnsitz auf.

Begegnung von Papst Paul VI. mit dem Autor, kurz nach dessen Ernennung zum Weihbischof von Wien 1977.

Papst Johannes Paul I. traf am 5. September 1978 in Rom mit Frère Roger Schutz, dem Gründer der ökumenischen Bruderschaft von Taizé, zusammen.

Papst Johannes Paul I. mit seinem Nachfolger, Kardinal Karol Wojtyla.

„Habemus papam" – mit dem Polen Karol Wojtyla wurde am 15. Oktober 1978 zum ersten Mal seit über 450 Jahren ein Nichtitaliener gewählt.

Auf 104 Auslandsreisen besuchte Papst Johannes Paul II. 127 Länder – und begegnete Millionen von Gläubigen. Besondere Bedeutung hatten die Reisen in sein Heimatland; im Bild die Messe auf dem Siegesplatz von Warschau vom 2. Juni 1979.

Papst Johannes Paul II. 1983 in Österreich: Im Wiener Donaupark zelebrierte er einen Festgottesdienst vor rund 350.000 Menschen.

Papstbesuch 1788: Johannes Paul II. in der Gedenkstätte Mauthausen in Begleitung von Landeshauptmann Josef Ratzenböck, Bundeskanzler Franz Vranitzky und Außenminister Alois Mock.

Die Wiener Bischöfe beim Papst in Rom im April 1992, von links: Weih-
bischof Christoph Schönborn, Erzbischof Hans Hermann Groër, Papst
Johannes Paul II., Weihbischof Helmut Krätzl und Weihbischof Florian
Kuntner.

Papstbesuch 1998: der Autor mit Papst Johannes Paul II. bei seiner Ankunft am Flughafen von Salzburg. In der Mitte Johann Weber, Bischof
von Graz und damals Vorsitzender der österreichischen Bischofskonferenz.

Als Theologieprofessor war Josef Ratzinger Berater des Kölner Kardinals Josef Frings beim Zweiten Vatikanischen Konzil, seine Mitarbeit an der Würzburger Synode (hier im Bild mit Karl Rahner) währte jedoch nur kurz.

Am 25. November 1981 ernennt Papst Johannes Paul II. den 54-jährigen Erzbischof von München, Kardinal Joseph Ratzinger, zum Präfekten der Glaubenskongregation.

Als Präfekt der Glaubenskongregation prägte Kardinal Ratzinger das Pontifikat Johannes Pauls II. von 1982 bis 2005 wesentlich mit.

Am 8. April 2005 leitete Ratzinger als Kardinaldekan die Begräbnisfei-
erlichkeiten für Papst Johannes Paul II. Viele sahen in Ratzinger schon
den nächsten Papst.

Begegnung von Papst Benedikt XVI. mit dem Autor anlässlich seines
Besuches in Österreich im September 2007.

Papst Franziskus – Papst einer neuen Generation.

dem Osten. Weil man ihm eine solche politische Haltung und Einflussnahme zutraute, waren wohl so viele Kardinäle und auch Kardinal König für seine Wahl gewesen.

Der Papst des Friedens

Bischof Nossol betont als besonderen Akzent des Pontifikates von Johannes Paul II. den unermüdlichen Einsatz für den Frieden. Als Beispiel führt er die Friedensbotschaft von 1989 an, in welcher der Papst den Schutz der nationalen Minderheiten verlangte. „Um Frieden zu schaffen, Minderheiten achten" ist der Titel dieser Botschaft. Zwei Grundprinzipien führt er dafür an. Das erste Prinzip ist die unveräußerliche Würde jeder menschlichen Person, ohne Unterschied der rassischen, ethnischen, kulturellen und nationalen Herkunft oder des religiösen Bekenntnisses. Keine Person existiert für sich allein, sondern findet Identität in der Beziehung zu anderen Personen, zu Gruppen. Das zweite Prinzip ist die grundlegende Einheit des Menschengeschlechtes, das seinen Ursprung in einem einzigen Schöpfergott hat.

Wie ernst die Kirche dieses Anliegen des Papstes nahm, zeigte ein Treffen von Bischöfen aus mehrsprachigen Diözesen Europas, das vom 18. bis zum 22. Oktober 1993 in Brixen stattfand. Im deutschen Gesprächskreis berichtete Bischof Nossol damals über die Lage in Schlesien.

Der Papst der Barmherzigkeit

Johannes Paul II. hat sich gewissermaßen als Papst der Barmherzigkeit in den liturgischen Kalender eingeschrieben, als er im Jahr 2000 verfügte, dass der Weiße Sonntag zum Sonntag der göttlichen Barmherzigkeit werde. In seiner Verkündigung hat er immer wieder die Liebe Gottes zu den Menschen betont, die sich in seiner Barmherzigkeit zeigt. Schon seine zweite Enzyklika handelte ausführlich über das göttliche Erbarmen und hat die Anfangsworte *Dives in misericordia*. Der Papst fühlte sich beim Schreiben der Enzyklika angesichts „der ernsten und keineswegs leichten Zeiten" gedrängt, sich noch einmal in das Geheimnis Christi zu versenken, „um in ihm das Antlitz des Vaters zu entdecken, der der ‚Vater des Erbarmens und der Gott allen Trostes' ist"[88].

Eine starke spirituelle Inspiration hatte Karol Wojtyla von der Ordensfrau Maria Faustyna Kowalska erhalten. Sie wurde am 25. August 1905 im polnischen Glogowiec geboren und ist 1938 mit nur 33 Jahren gestorben. Auf ihre Visionen geht das heute weit verbreitete Gnadenbild „Jesus, ich vertraue auf dich" zurück mit den zwei Strahlen, die vom Herzen Jesu ausgehen. Am 18. April 1993 sprach Johannes Paul II. Maria Faustyna Kowalska selig und am 30. April 2000 heilig. Am Tag dieser Heiligsprechung legte der Papst fest, dass in der ganzen Kirche der Weiße Sonntag als Sonntag der Barmherzigkeit begangen werden sollte.

In Lehre und Frömmigkeit stand bei Johannes Paul II. das Thema Barmherzigkeit also an erster Stelle. Sein Regierungsstil freilich hat bei manchen ein menschliches Erbarmen eher vermissen lassen. Das erfuhren kritische Theologen, die gemaßregelt wurden, aber auch Ehepartner, die sich durch die rigorosen Aussagen über Empfängnisregelung und Kommunionempfang für wiederverheiratete Geschiedene nicht verstanden fühlten.

Der Papst der mutigen Sozialenzykliken[89]

Dem Papst ging es vor allem um die Würde des Menschen, aber auch um die Bedeutung, die die Arbeit für den Menschen hat. Es sollte eine soziale Ordnung gefunden werden, die es dem Menschen erlaubt, „in der Arbeit mehr Mensch zu werden"[90]. Der Schöpfungsbericht in der Genesis sei in einem gewissen Sinn das „erste Evangelium der Arbeit", zeige er doch, dass der Mensch durch seine Arbeit Gott, seinen Schöpfer, nachahmen sollte.[91]

In seiner zweiten Sozialenzyklika *Sollicitudo rei socialis* (1987) prangerte er die Missstände in Wirtschaft und Politik an, wobei er den scharfen Begriff „Strukturen der Sünde" gebrauchte. Er meinte damit Habgier und Machthunger, die wirtschaftliche und politische Systeme geschaffen hätten, die es den Entwicklungsländern unmöglich machten, aus ihrer Not auszubrechen. Die Glaubwürdigkeit der Kirche werde daran gemessen werden, ob sie etwas zur Verwirklichung dieser Ideen, soweit sie kann, beiträgt. Nach dem Konzil hat die Kirche dies vor allem in Lateinamerika getan, wo die Bischöfe endlich von der Seite der Reichen auf die Seite der Armen gewechselt sind und die „Option für die Armen" ausgerufen haben. Was Johannes Paul II. mutig angefangen hat, wird nun von Papst Franziskus noch viel deutlicher fortgesetzt.

Die Auseinandersetzung des Papstes mit Arbeit und Wirtschaft hat 1990 auch die österreichischen Bischöfe dazu bewogen, einen Sozialhirtenbrief zu erstellen unter dem Titel *Der Mensch ist der Weg der Kirche*.

„Weltbewegendes" Wirken nach außen – zu wenig innerkirchliche Erneuerung

Bischof Nossol charakterisiert das Wirken von Johannes Paul II. im Hinblick auf die nachkonziliare Zeit so: „Der Papst war bemüht, die Kirche im Geiste des Konzils weiterzuführen, obwohl er vor spektakulären ,Neuerungen' warnte."

Ich glaube, diese Feststellung ist zu ungenau. Johannes Paul II. hat nicht nur vor „spektakulären Neuerungen" gewarnt, sondern in seinem Pontifikat ist vieles liegen geblieben oder sogar zurückgenommen worden, was vom Konzil angestoßen worden war. Deshalb ist mein Urteil über das Pontifikat von Johannes Paul II. zweigeteilt. Große Bewunderung für sein Wirken nach außen, aber Bedauern, dass er die Kirche zu wenig im Geist des Konzils weiterentwickelt hat. Meiner Meinung nach hat er diese Entwicklung „gehemmt", worüber ich ja ausführlich in meinem Buch „Im Sprung gehemmt" geschrieben habe.

Theologen kommen (wieder) in Bedrängnis

Gleich im ersten Jahr des Pontifikates von Johannes Paul II. gab es Lehrverfahren gegen bekannte Theologen.[92] Der erste von ihnen war der Franzose Jacques Pohier. Bald begann auch ein langes Verfahren gegen den flämischen Dominikanerpater und Dogmatiker Edward Schillebeeckx. Im deutschsprachigen Raum erregte der Entzug der Lehrbefugnis des Schweizer Theologen Hans Küng am 18. Dezember 1979 großes Aufsehen.[93]

Zwei Instruktionen der Glaubenskongregation von 1984 und 1986 gegen die Befreiungstheologie klangen wie die Absage an die nachkonziliare Entwicklung in Lateinamerika, wo Theologie und Glaube zu gesellschaftspolitischem Engagement führten. Das war erstaunlich gerade unter einem Papst, der selbst in Polen politisches Engagement der Kirche initiiert und gefördert hat.

Die Enzyklika *Veritatis splendor* vom 6. August 1993 richtete sich gegen Lehrmeinungen damaliger Moraltheologen. Namen wurden zwar keine genannt, aber an den angeführten Beispielen konnte man erkennen, wer gemeint war. Die Betroffenen sammelten ihre kritischen Entgegnungen in einem Band der Schriftenreihe *Quaestiones disputatae,* die Dietmar Mieth, Professor für Moraltheologie in Tübingen, herausgab. [94] Er betonte noch, dass es wohl einmalig sei, wenn Theologen gegen eine päpstliche Enzyklika eine öffentliche Disputation eröffnen. Aber sie erachteten es als nötig.

Umstrittene theologische Fragen werden autoritativ lehramtlich entschieden

Die schon lange schwelende Zölibatsdebatte war seinerzeit von Paul VI. aus den Konzilsberatungen herausgenommen worden. Am 24. Juni 1967 hatte er im Rundschreiben *Sacerdotalis caelibatus* die Beibehaltung des Zölibates in der bisherigen Form bekräftigt und wollte damit die Debatte beenden. Das gelang zwar nicht, aber auch unter Papst Johannes Paul II. gab es keine Weiterentwicklung der diesbezüglichen Kirchennormen, im Gegenteil: In der allgemeinen Bischofssynode 1990 „über die Priesterbildung im Kontext der Gegenwart" wurde die Zölibatsverpflichtung erneut festgeschrieben. Im nachsynodalen Apostolischen Schreiben von Johannes Paul II. heißt es u. a.: „Die Synode will bei niemandem den geringsten Zweifel an der festen Entschlossenheit der Kirche aufkommen lassen, an dem Gesetz festzuhalten, das den zur Priesterweihe nach dem lateinischen Ritus ausersehenen Kandidaten den frei gewählten, ständigen Zölibat auferlegt."[95]

Auch die Frage, ob nicht auch Frauen zu Priesterinnen geweiht werden können, wurde immer wieder diskutiert und gewann durch die Ordination von Frauen in der evangelischen Kirche und später durch die Priesterweihe von Frauen in der anglikanischen und der altkatholischen Kirche an Aktualität. Johannes Paul II. beendete diese Debatte im Apostolischen Schreiben *Ordinatio Sacerdotalis* vom 22. Mai 1994 auf eine überraschend scharfe Weise: „Damit also jeder Zweifel bezüglich der bedeutenden Angelegenheit, die die göttliche Verfassung der Kirche selbst betrifft, beseitigt wird, erkläre ich kraft meines Amtes, die Brüder zu stärken (vgl. Lk 22,32), dass die Kirche keinerlei Vollmacht hat, Frauen die Priesterweihe zu spenden, und dass sich alle Gläubigen der Kirche endgültig an diese Entscheidung zu halten haben." Die theologische Begründung liege in der Vorgehensweise des Herrn, der nur Männer zu seinen Aposteln berufen hat, und in der beständigen und umfassenden Überlieferung der Kirche. Ob diese Begründung reicht? Jedenfalls geht die Diskussion unter sehr prominenten Theologen weiter.

Römische Bischofssynoden bringen kaum einen Fortschritt

Unter Johannes Paul II. gab es sieben römische Bischofssynoden mit unterschiedlich gewichtigen Themen.

Vom 26. September bis zum 25. Oktober 1980 tagte eine ordentliche Generalversammlung der Bischofssynode zum Thema „Die christliche Familie". U. a. ging es um die „heißen Eisen" Geburtenregelung und Zulassung der wiederverheirateten Geschiedenen zu den Sakramenten. Seit der Enzyklika *Humanae vitae* hatten viele Moraltheologen über das Thema Empfängnisverhütung weitergedacht. Die Überlegungen dazu brachten viele Bischöfe in die Synode ein. Zur Pastoral für wiederverheiratete Geschiedene wünschte die Synode ausdrücklich „eine neue und noch gründlichere Untersuchung – unter Berücksichtigung auch der Praxis der Ostkirchen", damit „die pastorale Barmherzigkeit noch umfassender werde"[96]. Im nachsynodalen Schreiben *Familiaris consortio* aus dem Jahr 1981 wurde dann aber die Lehre von *Humanae vitae*, dass also die sogenannte „natürliche Methode" die einzige sittlich vertretbare Form der Geburtenregelung sei, unverändert fortgeschrieben.

Den Sakramentenempfang für Partner in einer zweiten, nicht kirchlich geschlossenen ehelichen Verbindung schränkte der Papst dahingehend ein, dass er möglich sei, wenn „sie sich verpflichten, völlig enthaltsam zu leben, das heißt, sich der Akte zu enthalten, welche Eheleuten vorbehalten sind."[97] Der Wunsch der Synode nach weiteren, gründlicheren Untersuchungen wurde nicht einmal erwähnt.

Vom 1. bis 30. Oktober 1987 tagte eine Synode zu „Berufung und Sendung der Laien in Kirche und Welt". Wir erwarteten alle einen deutlichen Aufruf an die Laien zu mehr Mitverantwortung in der Kirche aufgrund ihrer Berufung zum „gemeinsamen Priestertum". Das nachsynodale Schreiben *Christifideles laici* vom 30. Dezember 1988 hat uns aber enttäuscht. Statt einer Ermutigung der Laien oder gar einer Erteilung von neuen Vollmachten war viel von der Abgrenzung ihrer Tätigkeit innerhalb der Kirche die Rede, während deutlich vom „Weltcharakter" der Laien geredet wurde. Gewarnt wurde hingegen vor einer Nivellierung zwischen dem gemeinsamen Priestertum und dem Amtspriestertum. Es bestünde sonst das Risiko, de facto eine kirchliche Dienststruktur zu schaffen, „die parallel zu der im Sakrament des Ordo gründenden steht"[98]. Die noch ausstehende theologische Vertiefung der Berufung aller Getauften zum „gemeinsamen Priestertum" und die Klärung der daraus folgenden Konsequenzen für das Leben der Kirche wurden versäumt.

Es entstand damals in kritischen Kreisen die boshafte Feststellung, die „nach-synodalen" Schreiben könnten ruhig schon vorher geschrieben werden, da sich Änderungen, auch wenn sie von vielen Synodalen erwartet und auf der Synode angesprochen wurden, ja kaum durchsetzten.

Die Bedeutung der Bischofskonferenzen wird geschmälert

Das Konzil hat die Bischofskonferenzen als eine kollegiale Struktur zwischen Ortskirche und Papst aufwerten wollen.[99] Doch ihre Selbstständigkeit blieb begrenzt, weil Dekrete der Bischofskonferenzen in Rom bestätigt werden müssen. Die außerordentliche Bischofssynode von 1985 sah dies und wollte den theologischen Standort der Bischofskonferenz neu untersuchen lassen. Dies löste eine weltweite Diskussion aus. Erstaunlich aber war, dass dann 1998 – gar nicht im Sinn der weltweiten Vorschläge der Theologen – ein päpstliches Schreiben über „die theologische und juristische Natur der Bischofskonferenzen" herauskam.[100] Diese wurden dadurch nicht gestärkt, sondern die Eigenständigkeit des einzelnen Bischofs und die Vorrangstellung des Papstes gegenüber der Bischofskonferenz unterstrichen. Lehraussagen in Bischofskonferenzen sind demnach nur verbindlich, wenn sie einstimmig erfolgen. Fehlt die Einstimmigkeit, dann entscheidet Rom. Das machte gemeinsame verbindliche Beschlüsse fast unmöglich. Damit wurde aber das Prinzip der Kollegialität, also der Mitverantwortung der Ortskirche mit dem Papst, unterlaufen.

Ein drastisches Beispiel dafür gab es in der deutschen Bischofskonferenz. Nach der Neuordnung des staatlichen Abtreibungsgesetzes war für einen straffreien Schwangerschaftsabbruch die Bestätigung einer vorangegangenen Beratung nötig. Die Bischofskonferenz hatte neben den staatlichen eigene Beratungsstellen eingerichtet. Auch eine Bestätigung von dieser Stelle konnte als die vom Gesetz verlangte benützt werden. Johannes Paul II. fürchtete, dass dadurch die Kirche in Verdacht komme, Hilfe für eine mögliche Abtreibung zu leisten, und verlangte, aus dieser Form der Beratung auszusteigen. Die Bischöfe wehrten sich und berichteten, dass sie gerade durch ihre Beratungsstellen tausende Kinder vor einer Abtreibung bewahrt hätten, weil viele Frauen kamen, die sich noch nicht endgültig entschieden hatten. Rom blieb aber hart. Die Bischöfe gaben schließlich nach. Laien gründeten dann zur Förderung des Schutzes menschlichen Lebens den Bundesverband Donum vitae und übernahmen die bisherigen Beratungsstellen. Kardinal Ratzinger als Präfekt der Glaubenskongregation wollte dies nicht zulassen. Was den Bischöfen verboten wurde, könnten doch jetzt nicht kirchentreue Laien ausüben. Sie taten es aber trotzdem. Fazit ist, dass das Ansehen der deutschen Bischofskonferenz in der Öffentlichkeit Schaden erlitt, weil ihre Abhängigkeit von Rom in einer so wichtigen Sache offenkundig wurde. Überdies widersprach dies der vom Konzil beschlossenen Aufwertung der Ortskirchen. Papst Franziskus bemängelt jetzt zu Recht, dass das Kollegialitätsprinzip, das das Konzil beschlossen hatte, eigentlich bis heute nicht zum Tragen kam.

Der neue Weltkatechismus stößt bei namhaften Theologen auf Kritik

Am 11. Oktober 1992, dem dreißigsten Jahrestag der Eröffnung des Konzils, wurde ein *Katechismus der Katholischen Kirche* (KKK) veröffentlicht. Er bringt sehr viele Zitate aus den Dokumenten des Konzils, wollte er ja „im Licht des Zweiten Vatikanischen Konzils und der Gesamttradition der Kirche eine organische Synthese der wesentlichen und grundlegenden Inhalte der katholischen Glaubens- und Sittenlehre vorlegen"[101]. Das gelang wohl auf weiten Strecken, aber gerade nicht bei Themen, die nach dem Konzil noch in Diskussion geblieben waren. Auf einer Tagung der Katholische Akademie in Bayern nahmen am 20. Mai 1993, also nur drei Tage nach der Präsentation der deutschsprachigen Ausgabe, prominente Theologen in Anwesenheit des damaligen Weihbischofs von Wien Christoph Schönborn Stellung, der ja der theologische Sekretär des Redaktionskomitees des KKK war.[102] Die Rückfragen kamen aus der Sicht der Exegese von Hans-Josef Klauck OFM, der christlichen Philosophie von Richard Heinzmann, der Dogmatik von Peter Hünermann, der Moraltheologie von Johannes Gründel, aus der Ökumene von Otto Hermann Pesch. Bischof Schönborn kam von dieser Tagung sehr bedrückt nach Wien zurück. Hatte sich doch herausgestellt, dass namhafte deutsche Theologen, die den nachkonziliaren Prozess verantwortungsvoll mitgeprägt hatten, mit der im KKK dargelegten kirchenamtlichen Lehre nicht in allem übereinstimmten. Beklagenswert ist aber auch, dass der Weltkatechismus nicht ganz auf dem Niveau der durch das Konzil eröffneten und danach weiterentwickelten neuen Theologie steht.

Das Verhältnis von Johannes Paul II. zu Österreich

Das Verhältnis von Karol Wojtyla zu Österreich war vielschichtig. Es gab sehr viele Begegnungen und Berührungspunkte, aber leider bleibt für viele vor allem die Enttäuschung über die Bischofsernennungen nach dem Rücktritt von Kardinal König in Erinnerung.

Die Wurzeln der Familie des Papstes reichen ins „alte" Österreich zurück

Wadowice, wo Karol Wojtyla am 18. Mai 1920 geboren wurde, gehörte bis zum Ersten Weltkrieg zum alten Österreich. Der Vater von Karol diente als Soldat lange in der k. u. k. Armee, und der Papst war sich dieser „österreichischen" Herkunft bewusst. Vielleicht hat ihn auch deshalb beim Abendessen im kleinsten Kreis zu Beginn seines Besuches 1983 in Wien die Geschichte der Habsburger mehr interessiert als die momentane Lage der Kirche in Österreich.

Das Janineum

Das Institut Janineum wurde 1957 von Lonny Glaser als Hilfsprogramm für polnische Intellektuelle und Künstler entwickelt. Hier wurde ihnen ein begrenztes Stipendium für einen Aufenthalt im Westen zu Studienzwecken angeboten. Lonny Glaser wurde 1925 in Bielsko-Biala in den Beskiden, einem Teil von Galizien, geboren, aber ihre Geburt wurde auch im Magistrat Wien eingetragen. Sie war überzeugte Österreicherin, aber auch zutiefst mit Polen und seinem Schicksal verbunden. Zu dem erwähnten Hilfsprogramm wurde sie von Kardinal Wyszyński inspiriert, der zusammen mit Kardinal König das Werk von Anfang an förderte. Bald interessierte sich auch Kardinal Wojtyla dafür, der ja besondere Beziehungen zu den polnischen Intellektuellen pflegte, und unterstützte tatkräftig den weiteren Ausbau der Stiftung. Ich erwähne hier Lonny Glaser, weil sie wohl *die* Österreicherin ist, die während des ganzen Pontifikates von Johannes Paul II. einen „privilegierten" Zugang zum Papst hatte. Er hat mir gegenüber einmal bei einem Abschied eine persönliche Bemerkung gemacht, mit denen er sonst sparsam umging: „Grüßen Sie mir die Lonny Glaser!" Glaser wurde auch von Stanislaw Dziwisz, dem Sekretär des Papstes, sehr geschätzt, der mit ihr ständig Verbindung hielt. Als ich am 30. September 1987 dem Papst einen sehr besorgten Brief über die Nachwirkungen der vorangegangenen Ernennungen von Erzbischof Groër und Weihbischof Krenn schrieb, bat ich Lonny Glaser, diesen dem Papst persönlich zu übergeben, was sie auch tat.[103] Ob sie ihm den Inhalt des Briefes auch erklären konnte? Vier Monate später bekam ich von Staatssekretär Casaroli eine kurze Antwort, darin hieß es, der Heilige Vater werde „der Anliegen gern in seinem Gebet gedenken". Offenbar hatte der Papst trotz aller Wertschätzung für Lonny Glaser ihre Einschätzung der Situation in Wien doch nicht so ernst genommen. Sie teilte aber mit Kardinal König und mir die Sorge um die Kirche in Wien und Österreich und bedauerte die Personalentscheidungen des Papstes.

Der Papstbesuch 1983[104]

Bald nach dem Attentat im August 1981 am Petersplatz ließ uns Johannes Paul II. wissen, dass er Österreich einen Besuch abstatten möchte. Kardinal König beauftragte mich, die Vorbereitungsarbeiten mit Rom zu übernehmen. Damals war Erzbischof Mario Cagna (1976–1984) Nuntius in Österreich, und wegen seiner angegriffenen Gesundheit, derentwegen er im Jahr danach seinen Rücktritt anbot, überließ er mir und seinem Sekretär die Vorbereitungsarbeit. Nuntiatursekretär war Monsignore Jan Bielaszewski, ein polnischer Priester aus Lublin. Früher war er Sekretär bei Erzbischof Martínez Somalo Eduardo, als dieser Nuntius in Brasilien war, zur Zeit des Papstbesuches aber Substitut im Staatssekretariat und als solcher maßgeblich für die Vorbereitung des Besuches verantwortlich. So war mir Bielaszewski, mit dem ich auch sonst guten Kontakt hatte, eine wirklich große Hilfe.

Der Papstbesuch wurde ein religiöses Fest mit großer Beteiligung der Bevölkerung. Dennoch erlebten wir ein wachsendes Misstrauen Roms gegenüber der Kirche in Österreich. Das warf bereits besorgniserregende Schatten auf künftige Bischofsernennungen, die ja aufgrund des Alters von Kardinal König und anderer Diözesanbischöfe bevorstanden.

„Hoffnung leben – Hoffnung geben"

Wir wollten in Österreich nicht nur eine „Papst-Show", sondern mit dem Papst ein Fest feiern. Die Katholische Aktion, die damals noch sehr stark war, plante einen Katholikentag unter dem Motto „Hoffnung leben – Hoffnung geben". Dazu sollte es in jeder Diözese eigene Veranstaltungen geben, und am Schluss wollte man sich in Wien gemeinsam mit dem Papst treffen. Auch damals wurden immer wieder die sogenannten „heißen Eisen" diskutiert, etwa die Frage der Empfängnisverhütung oder die Pastoral an wiederverheirateten Geschiedenen. In Linz war ein Hauptthema „Frauen – Hoffnung der Kirche? – Kirche – Hoffnung für Frauen?"

Offenbar hatten „selbsternannte Hüter der Tradition" in Rom eifrig und kritisch darüber berichtet. Als ich wieder einmal in Rom zu Vorbesprechungen war, kündigte mir Monsignore Erwin Josef Ender von der deutschen Sektion des Staatssekretariates an, es werde heute auch der aus Deutschland stammende Kurienbischof Paul Cordes dabei sein. Der Papst habe ihn nämlich beauftragt zu beobachten, ob die Vorbereitungen in Wien in Ordnung gingen. Ich war sehr betroffen, dass der Papst von dieser „Vorsichtsmaßnahme" weder Kardinal König noch mich vorher verständigt hatte. Obwohl Ender und Martínez auf meiner Seite standen, hatten sich offenbar negative Gerüchte über Österreich in Rom bis hinauf zum Papst verbreitet. Das zeigte sich auch bei einem Besuch bei Kardinal Opilio Rossi, dem früheren langjährigen Nuntius in Österreich. Er bot mir keinen Sitzplatz an, sondern meinte vorwurfsvoll: „Ihr werdet doch den Papst in Österreich freundlich empfangen?" Kurz darauf kam P. Roberto Tucci SJ, der Reisemarschall des Papstes, nach Wien und fand die Vorbereitungen sehr gelungen. Damit war auch die Mission von Bischof Cordes zu Ende. Welchen „Informanten" aus Österreich wurde da geglaubt? Wäre das direkte Gespräch mit Kardinal König nicht richtiger gewesen?

Eindrucksvolle Kommunikation nach außen – versäumte Gespräche nach innen

Der Papst wurde am 10. September 1983 mit großem Jubel in Wien empfangen. Die Feier selbst begann mit der „Europavesper" am Heldenplatz. Auf dem durch das Auftreten Hitlers so diskriminierten Platz versammelte sich eine betende und sich für Europa verantwortlich fühlende Menge von Christen. Der Papst faszinierte am selben Tag am Abend die Jugend im größten Fußballstadion von Wien. Er fesselte mit seinen Worten bei einer Messe im Donaupark die Menschen, die trotz strömenden Regens ausharrten. Wir erlebten einen Papst, der die Kommunikation mit einer großen Menge souverän beherrschte. Auch alle Ansprachen, die er in gutem Deutsch vortrug, waren leicht verständlich.

Was ich vermisste, war das Gespräch im kleinen Kreis und damit die Klärung der offensichtlich bei der Vorbereitung entstanden Spannungen. Am ersten Abend war ich bei einem Abendessen dabei, das Kardinal König für den Papst und seine unmittelbare Begleitung (Casaroli, Martínez, Martin) gab.[105] Der Papst interessierte sich dabei für die Habsburger und ihre Bedeutung für Österreich. Kardinal König brachte den Wunsch von Herbert Karajan vor, einmal in St. Peter in Rom eine Messe dirigieren zu können. Hat man da nicht eine einmalige Gelegenheit verpasst, über die Kirche in Österreich zu sprechen, wie sie der Papst sieht, oder gar über die bald bevorstehende Nachfolge Kardinal Königs? Vielleicht waren König und ich zu schüchtern, solches zur Sprache zu bringen.

Es gab auch eine Begegnung mit allen Bischöfen, den aktiven und den emeritierten. Die Ansprache, die der Papst dabei hielt, war unpersönlich und übrigens die einzige, von der wir nicht wussten, wer die Vorarbeiten dafür geleistet hatte. Gelegenheit zur Aussprache gab es keine. Ähnliches erlebte ich übrigens, als ich Gast bei Papstbesuchen in Irland, Spanien und der Schweiz war. Scheute der Papst die direkte Aussprache über die Probleme der Lokalkirche? Wir hätten uns ein Zeichen gelebter Kollegialität erwartet, von der das Konzil so eindrucksvoll gesprochen hatte.

Dennoch war der Papstbesuch ein eindrucksvolles Ereignis für die Kirche in Österreich. Und die Begleitung des Papstes lobte mir gegenüber die exakte Vorbereitung und die eindrucksvolle Durchführung des Besuches und meinte, das sei beispielgebend für andere Besuche in Mitteleuropa.

Bischofsernennungen

Im September 1985 wurde das Rücktrittsgesuch von Kardinal König als Erzbischof von Wien aus Altersgründen angenommen, worauf ich am 17. September vom Wiener Domkapitel zum Diözesanadministrator gewählt wurde. Nuntius Michele Cecchini, der inzwischen als Nachfolger von Cagna nach Wien gekommen war, begann mit der Suche nach einem möglichen Nachfolger. Er bat 2000 Priester und Laien um Namensvorschläge. Dabei seien 160 Namen genannt worden, wie er mir sagte. Als ich die „heiße" Liste bekam, auf der die von Rom ausgewählten Kandidaten standen, schrieb ich dem Nuntius, ich fühlte mich im Gewissen verpflichtet, ihn zu bitten, eine neue Liste zu erstellen, weil die Genannten nicht das nötige Profil für einen Erzbischof von Wien hätten. Ich erhielt keine Antwort. Am 14. September 1986 wurde dann P. Hans Hermann Groër OSB zum Erzbischof von Wien ernannt. Der Papst wusste wohl von ihm. Groër hatte den Wallfahrtsort Maria Roggendorf wieder neu belebt und lud an jedem 13. des Monats Bischöfe zu einer großen Marienfeier ein. Darunter waren auch polnische Bischöfe wie Macharski und zuletzt Wojtyla, der aber vor diesem Termin zum Papst gewählt worden war.

Kardinal König war von dieser Ernennung mehrfach betroffen. Einmal, weil ihm der Papst versprochen hatte, vor der letzten Entscheidung noch mit ihm zu reden, was aber nicht geschehen ist. Zum anderen, weil Groër, der ja lange Diözesanpriester war und erst sehr spät ins Kloster ging, die Linie Königs immer kritisiert hatte. Es war deutlich, dass Rom eine Kursänderung nach König wollte. Aber in welche Richtung sollte sie gehen und warum gerade mit einer für dieses Amt gar nicht geeigneten Person?

Groër wollte dann zusätzlich einen Weihbischof, und zwar einen „seines Vertrauens". Offenbar hatten wir drei aktiven Weihbischöfe Karl Moser, Florian Kuntner und ich dieses nicht. Er schlug drei vor, von denen keiner aus der Diözese stammte.

Nuntius Cecchini bedeutete ihm aber – vermutlich hatte er von Rom den Auftrag –, er solle den aus der Diözese Linz stammenden Theologieprofessor Kurt Krenn, der zuletzt in Regensburg lehrte, auf die Liste setzen. So wurde Kurt Krenn 1987 Weihbischof in Wien. Wir wussten, dass er sehr gute Beziehungen zum Papstsekretär Dziwisz hatte und damit zum Papst selbst.

Immer noch unter Nuntius Cecchini kam es in den folgenden Jahren zur Besetzung des Bischofsstuhles in Salzburg mit Georg Eder und in Feldkirch mit Klaus Küng. In keinem Fall hatte die Ortskirche auf die Ernennung Einfluss nehmen können. In Feldkirch demonstrierte man sogar dagegen.

1991 wurde Weihbischof Krenn Diözesanbischof von St. Pölten. Die Art der Ernennung verbitterte den so verdienstvollen, romtreuen abtretenden Bischof Franz Zak. Der Nuntius – damals war es schon Donato Squicciarini – hatte Zak versprochen, ihn 14 Tage vor der Neubesetzung direkt zu informieren, und beruhigte ihn, es werde sicher nicht Krenn werden, wie Zak schon fürchtete. Beides wurde nicht eingehalten.

Wer war für diese Entscheidungen verantwortlich? Bischof Nossol gibt in seinen Bemerkungen zum Pontifikat Johannes Pauls II. zu, dass „es manchmal zu nicht glücklichen Bischofsernennungen" gekommen sei. Er macht aber nicht den Papst direkt dafür verantwortlich, sondern meint: „Vielleicht ließ er die vatikanischen Dikasterien zu ‚autonom' schalten und walten."

Papstbesuch 1988 vom 24. bis zum 26. Juni

Johannes Paul II. kam noch zweimal nach Österreich, und zwar 1988 und 1998. Die Besuche waren ganz anderer Art wie jener 1983. Es gab keine spirituelle Vorbereitung wie damals. Wie er es auch sonst gewohnt war, wollte der Papst möglichst viele Orte besuchen. Freilich lag über beiden Besuchen auch der „Schatten" der unerwarteten Bischofsernennungen und 1998 auch jener des notwendig gewordenen Rücktritts von Kardinal Groër.

1988 war das Motto des Besuchs „Ja zum Glauben – Ja zum Leben", und der Papst erfüllte ein wahres Mammutprogramm.[106] Er landete in Wien, fuhr dann nach Trausdorf im Burgenland (Heimat von Bischof Laszlo). Dort konnten auch Gläubige aus Ungarn, Kroatien und der damaligen Tschechoslowakei an den Papstfeierlichkeiten teilnehmen – damals eine erkämpfte Sondererlaubnis, im Rückblick eine wichtige Etappe für das bevorstehende Aufbrechen des Eisernen Vorhangs. Anschließend ging es nach Linz, Enns-Lorch und Mauthausen, dann nach Salzburg und Klagenfurt mit einem Abstecher nach Gurk zum Grab der hl. Hemma und schließlich nach Innsbruck, von wo aus Johannes Paul II. seine Rückreise antrat.

Vorsitzender der Bischofskonferenz war damals Erzbischof Karl Berg aus Salzburg. Er begleitete den Papst zu den verschiedenen Stationen. Für Berg war das gleichsam seine letzte offizielle Funktion, da gerade in diesem Jahr die kirchenrechtlichen Vorbereitungen für die Ernennung seines Nachfolgers im Gange waren. Das Salzburger Domkapitel hat das Privileg, aus einem von Rom bestätigten Dreiervorschlag zu wählen. Ein solcher war vom Kapitel auch schon in Rom eingereicht worden. Nach dem Papstbesuch sagte mir Erzbischof Berg: „Jetzt habe ich den Papst drei Tage begleitet. Er hat aber mit mir kein Wort über meine Nachfolge oder den eingereichten Dreiervorschlag gesprochen. Hätte ich etwas sagen sollen?" „Natürlich", entgegnete ich. Für Berg war es kränkend, für uns andere Bischöfe aber sehr erstaunlich, dass der Papst nicht die Gelegenheit wahrgenommen hat, eine so wichtige Entscheidung mit den österreichischen Bischöfen zu besprechen. Am 21. Dezember 1988, also noch im selben Jahr, wurde Georg Eder zum Nachfolger Bergs gewählt. Die Liste des Domkapitels deckte sich offenbar nicht mit jener, die dann Rom zur Wahl vorlegte.

Papstbesuch 1998 vom 19. bis zum 21. Juni

Eigentlich hätte dieser Besuch bereits 1996 stattfinden sollen, wurde aber dann wegen der Anschuldigungen Groërs und dessen Rücktritt am 14. September 1995 verschoben.[107] 1998 war dann nur ein Kurzbesuch mit zwei Höhepunkten geplant: Salzburg feierte das 1200-Jahr-Jubiläum der Gründung des Erzbistums, und in Wien sollten drei Seligsprechungen stattfinden, jene von Sr. Restituta Kafka, die wegen ihres Widerstandes gegen das NS-Regime am 30. März 1943 hingerichtet worden war, ferner des Prämonstratensers Jakob Kern sowie des Gründers der Kongregation für die christlichen Arbeiter (Kalasantiner) P. Anton Maria Schwartz. Der Papst landete diesmal in Salzburg und machte auf dem Weg nach Wien erstaunlicherweise einen „Abstecher" in die Diözese St. Pölten, wo seit 1991 Kurt Krenn Bischof war. Stolz über diesen Besuch fuhr Krenn demonstrativ mit dem Papst im Papamobil durch die Reihen der Schaulustigen. Im Anschluss daran wollte der Papst die emeritierten Bischöfe treffen, Franz Zak und Alois Stöger. Zak kam nicht. Die Ernennung Krenns zu seinem Nachfolger hatte ihn persönlich schwer getroffen.

Über die Causa Groër hat der Papst auch bei diesem Besuch weder in der Öffentlichkeit noch den Bischöfen gegenüber eine Erwähnung gemacht.

Tod und Begräbnis

Die letzten Jahre des Pontifikates waren gezeichnet von zunehmenden körperlichen Behinderungen. Aber der Papst wollte nicht aufgeben, er hatte noch viele Pläne und Träume. Er bleibt mir in Erinnerung, wie er sich altersschwach, mit einem von Medikamenten aufgedunsenen Gesicht noch der Öffentlichkeit zeigte. Kardinal Ratzinger betonte dies in seiner Predigt beim Requiem: „Für uns alle bleibt es unvergesslich, wie der Heilige Vater, vom Leiden gezeichnet, am letzten Ostersonntag seines Lebens noch einmal am Fenster des Apostolischen Palastes erschienen ist und zum letzten Mal den Segen urbi et orbi erteilt hat." Und Ratzinger, der intellektuelle Theologe, fügte fast im Tone üblicher Volksfrömmigkeit hinzu: „Wir können sicher sein, dass unser geliebter Papst jetzt am Fenster des Hauses des Vaters steht, uns sieht und uns segnet."

Die Amtsausübung mit letzter Kraftanstrengung zeigte einen asketischen Karol Wojtyla. Er wollte seine Berufung zum Papst bis zum letzten Atemzug ausüben. Freilich stellt sich die Frage, ob für die Ausübung eines so großen Amtes nicht doch auch ein gewisses Maß an physischer Kraft notwendig ist. Benedikt XVI. hat das durch seinen Rücktritt unter Beweis gestellt. Er hat damit dem Ansehen des Papstamtes einen Dienst geleistet und es „menschlicher" sehen lassen.

Am 2. April 2005 starb Johannes Paul II. Das Begräbnis – wohl das größte, das ein Papst je hatte – war wie ein hymnischer Epilog auf ein außergewöhnliches Pontifikat. 20 Staatsoberhäupter aus der ganzen Welt kamen, Vertreter aller Weltreligionen erwiesen dem Verstorbenen die Ehre, vier Millionen Menschen, auf ganz Rom verteilt, wollten dabei sein. Souverän leitete Joseph Ratzinger als Dekan des Kardinalskollegiums Requiem und Begräbnis und erschien vielen bereits als logischer Nachfolger auf dem Papstthron.

Bischof Nossol kommentierte das in erstaunlich spirituelllauniger Art so: „Der Papst aus Polen ebnete dem aus Deutschland kommenden Nachfolger den Weg in den Vatikan. Dass nach einem Polen ein Deutscher Papst wurde, halte ich glatt für den größten Luxus des Heiligen Geistes, zumal man ihn weder in Deutschland (‚Panzerkardinal‘) noch in Polen (‚Deutscher‘) gewählt hätte."

Heiligsprechung(en)

Am 27. April 2014 wurde Johannes Paul II. von Papst Franziskus heiliggesprochen. Es war eine bemerkenswerte Geste, dass Franziskus ihn gemeinsam mit Johannes XXIII. zur Ehre der Altäre erhob.

Unwillkürlich denkt man bei dieser Heiligsprechung daran, dass Johannes Paul II. selbst 1338 Menschen selig- und 482 heiliggesprochen hat. Das waren viel mehr, als alle seine Vorgänger seit Einführung des entsprechenden Verfahrens selig- oder heiliggesprochen hatten.[108] Besteht da nicht die Gefahr einer Inflation? Wird der notwendige heroische Tugendgrad als Voraussetzung nicht mehr ernst genommen? Oder steckt dahinter auch päpstliche Diplomatie oder gar eine Demonstration päpstlicher Vollmacht, die eben „bis in den Himmel" reicht?

Die Gruppe von St. Gallen sucht Alternative zu Ratzinger

Während ich an der Vorbereitung dieses Buches arbeitete, erhielt ich durch Zufall von einem Schweizer Freund einen Artikel vom 24. Jänner 2016 aus der Zeitung „Ostschweiz am Sonntag" mit der provokanten Überschrift „Wir suchten eine Alternative zu Ratzinger". Darin war von einer Gruppe von St. Gallen die Rede. Diese Gruppe hatte sich um den Mailänder Kardinal Martini, von 1986 bis 1993 Präsident des Rates der Europäischen Bischofskonferenzen, und dem Generalsekretär dieses Rates, Ivo Fürer, gebildet. Man wollte die Erneuerung der Kirche im Geiste des Konzils vorantreiben. Als ab 2003 durch die fortschreitende Krankheit von Johannes Paul II. eine neue Papstwahl näher zu kommen schien, stellte man Überlegungen für einen geeigneten Nachfolger an. Da ich mit Ivo Fürer seit meiner Studienzeit in Rom eng befreundet bin und auch immer wieder Kontakt mit ihm hielt, als er Bischof in St. Gallen war, bat ich ihn, mir Näheres über die Gruppe von St. Gallen für mein in Arbeit befindliches Buch zu schreiben. Er tat dies und gab mir Zustimmung, seinen Bericht auch zu publizieren.

Im Herbst 2015 erschien eine groß angelegte Biografie von Kardinal Godfried Danneels.[109] Sie enthält einen Abschnitt über die „Gruppe von St. Gallen". Schon im Werk von Austen Ivereigh über Papst Franziskus[110] wurde der „Gruppe von St. Gallen" ein Einfluss auf die Wahl von Papst Franziskus zugeschrieben. Was ist die „Gruppe von St. Gallen", und welchen Einfluss hatte sie auf die Papstwahl?

Kardinal Carlo Maria Martini, Erzbischof von Mailand, war von 1986 bis 1993 Präsident des Rates der Europäischen Bischofskonferenzen (CCEE), und ich war von 1977 bis 1995 Generalsekretär des CCEE. In den Begegnungen der Bischöfe erlebten wir das Wirken des Geistes im Anschluss an das Konzil und fühlten uns bereichert im Dienst der Kirche. Wir traten ungefähr gleichzeitig von diesen Ämtern zurück und wünschten, die wertvollen Kontakte auf privater Basis weiterführen zu können. Wir organisierten deshalb im August 1996 ein Treffen in Heiligkreuztal in der Diözese Rottenburg, an welchem die Bischöfe Paul Verschuren (Helsinki), Jean Vilnet (Lille), Johann Weber (Graz), Karl Lehmann (Mainz) und Walter Kasper (Rottenburg) teilnahmen.

Die Teilnehmer berichteten in voller Offenheit über die Situation ihrer Kirche, die neuen Schwierigkeiten und Chancen, die Spannungen zwischen Bewahrenden und Erneuerungswilligen, die persönliche Erfahrung als Ortsbischöfe und als Glieder des Bischofskollegiums. Wir stellten große Einstimmigkeit in der Beurteilung der Lage fest und fragten uns: Was können wir in dieser Situation unternehmen? Weiters stellten wir fest, dass auch eine kleine private Gruppe dazu beitragen kann, die Situation besser zu verstehen, realisierbare Zukunftsvisionen zu erarbeiten und sich gegenseitig zu ermutigen, die Hoffnung nicht aufzugeben. Alle wünschten, dass weitere Treffen folgen sollten.

An weiteren Treffen, welche jeweils anfangs Januar in St. Gallen stattfanden, durfte ich als Gastgeber die Kardinäle Carlo Maria Martini (Mailand), Karl Lehmann (Mainz), Walter Kasper (Vatikan), Godfried Danneels (Mechelen-Bruxelles), Cormac Murphy-O'Connor (Westminster), Achille Silvestrini (Vatikan),

Lubomir Husar (Lviv/Ukraine) und José de Cruz Policarpo (Lissabon) sowie die Bischöfe Paul Verschuren (Helsinki), Jean Vilnet (Lille), Johann Weber (Graz), Adrian Van Luyn (Rotterdam), Joseph Doré (Strassburg) und Alois Kothgasser (Innsbruck) begrüßen. Wir befassten uns mit aktuellen Themen: Ortskirche und Bischofsamt, Bischofswahl, Ökumene, Sexualmoral, Sakrament der Buße, Frau in der Kirche, Europasynode, regelmäßig stattfindende Konzilien.

Kardinal Martini sagte einmal, es sei das erste Mal, dass er sich in einer solchen Diskussionsrunde befinde, in der man sich in voller Freiheit klar und ruhig ausdrücke.

Die Gruppe wollte nicht öffentlich auftreten. Einzelne Teilnehmer brachten aber gemeinsam erarbeitete Vorschläge an Symposien der europäischen Bischöfe, an der Europasynode und bei Ad-limina-Besuchen ein.

Beim Treffen vom Jahr 2003 stellten wir fest, dass in absehbarer Zeit eine Papstwahl anstehen werde. Wir befassten uns daher eingehend mit dem Thema „Primat". Wir diskutierten theologische Entwicklungen im Anschluss an das Zweite Vatikanische Konzil und fragten uns, wie der Primat in der Gegenwart und in der nächsten Zukunft gelebt werden sollte. Einzelne Teilnehmer nannten Persönlichkeiten, die nach ihrer Meinung gute Voraussetzungen für das Papstamt mitbringen würden. Wir stellten aber auch fest, dass in manchen Kreisen Kandidaten gehandelt wurden, welche wir für das Papsttum heute als weniger geeignet betrachteten. In der Kurie und in anderen kirchlichen Kreisen hielten viele Kardinal Ratzinger für den einzigen Kardinal, welcher fähig wäre, die Kirche zu leiten. Wäre es nicht besser, Alternativen vorlegen zu können, fragten wir uns.

Bei den Treffen 2004 und 2005 in St. Gallen wurde die Aussprache weitergeführt. Wir waren der Meinung, es wäre gut, wenn sich die in Rom anwesenden Kardinäle unserer Gruppe im Praekonklave einer kommenden Papstwahl treffen würden. Ein solches Treffen erfolgte am 11. April 2005. Die acht teilnehmenden Kardinäle sandten mir eine Karte, in der sie schrieben, „wir sind hier im Geiste von St. Gallen". Sie sahen damals Kardinal Bergoglio als Alternative zu Kardinal Ratzinger. Dem Vernehmen nach erhielt Bergoglio im ersten Wahlgang zehn, später 40 Stimmen.[111] Gewählt wurde jedoch am 19. April Kardinal Ratzinger. 2013 wurde Kardinal Bergoglio sein Nachfolger.

Ich freue mich darüber, dass die „Gruppe von St. Gallen" zur Wahl von Papst Franziskus beigetragen hat. Sie trat nach 2006 nicht mehr zusammen. Heute sind die Teilnehmer der Treffen von St. Gallen zum Teil gestorben, zum Teil emeritiert.

Am 15. März 2016   † Ivo Fürer
                                              em. Bischof von St. Gallen

Benedikt XVI.	Joseph Aloisius Ratzinger
16. April 1927	Geboren in Marktl am Inn (Bayern)
29. Juni 1951	Priesterweihe in Freising
1952–1959	Lehrtätigkeit an der Hochschule Freising, ab 1958 als Professor für Dogmatik und Fundamentaltheologie
1959–1963	Professor für Fundamentaltheologie an der Universität Bonn
1962–1965	Theol. Berater von Kardinal Frings am Zweiten Vatikanischen Konzil
1963–1966	Professor für Dogmatik an der Universität Münster
1967–1969	Professor für Dogmatik an der Universität Tübingen
1969–1977	Professor für Dogmatik an der Universität Regensburg
1977–1982	Erzbischof von München und Freising
27. Juni 1977	Erhebung zum Kardinal
1982–2005	Präfekt der Kongregation für die Glaubenslehre in Rom
19. April 2005	Wahl zum Papst
7.–9. September 2007	Besuch in Österreich
28. Februar 2013	Amtsverzicht

Benedikt XVI.
2005–2013

Der Papst, der sich um
die Einheit von Glaube und
Vernunft bemühte

Benedikt XVI. war der Papst, mit dem mich persönlich am meisten verbindet. Er ist nur um vier Jahre älter als ich, 1927 geboren, genauso alt wie mein leider schon verstorbener Bruder. Ich bewunderte ihn anfangs wegen seiner fortschrittlichen Theologie und seines so mutigen und bedeutsamen Einflusses auf den Fortgang des Konzils. Außerdem wurde ich im selben Jahr wie er zum Bischof geweiht, nämlich 1977. Als wir einmal darauf zu sprechen kamen, meinte er: „Dann sind wir ja eigentlich Kollegen." Sehr verwundert war ich aber über seinen „Kirchenkurs" als Präfekt der Glaubenskongregation und auch später über manche Äußerungen und Entscheidungen als Papst, wo wir gerade von ihm mit Blick auf seine Stellung beim Konzil anderes erwartet hätten.

Was mich mit Joseph Ratzinger seit 1962 verbindet

Sein theologisches Denken

Nach der „dürren" und veralteten Theologie, wie ich sie vor meiner Priesterweihe 1954 an der Wiener Universität erfahren hatte, waren die theologischen Ansätze und Überlegungen des jungen Theologieprofessors Joseph Ratzinger in den 1960er-Jahren überaus befreiend. Fast eine Pflichtlektüre waren für meine Priestergeneration die Bücher *Einführung in das Christentum* (1968) oder *Das neue Volk Gottes* (1969). Auch Karl Rahner publizierte in dieser Zeit viel, sein Stil war aber schwerer lesbar. Er warf viele Fragen auf, deren Antworten man sich oft selber erarbeiten musste. Ratzinger schrieb dagegen leicht verständlich und versuchte, die Theologie des Konzils, die er ja „mitgeschrieben" hatte, weiten Kreisen bekannt zu machen.

Meine Begegnung mit Ratzinger rund um das Konzil

Zu Beginn des Konzils, also 1962/63, wohnten wir beide in Rom im Priesterkolleg Anima. Dort war Kardinal Frings aus Köln mit seinem Sekretär Hubert Luthe, dem späteren Bischof von Essen, und Joseph Ratzinger als seinem theologischen Berater abgestiegen. Ich erlebte, wie die Anima ein stark frequentiertes Haus für deutschsprachige Konzilsväter wurde, von dem auch auf informellem Weg viele Initiativen für das Konzil ausgingen.

Nach jeder der vier Sitzungsperioden hielt Ratzinger vor allem in Deutschland Vorträge. Zusammenfassungen davon sind im Kölner Verlag Bachem erschienen.[112] Diese Publikationen sind umfangmäßig klein, aber überaus interessant, weil hier einer der einflussreichsten Konzilstheologen Inhalt und Werdegang der einzelnen Sitzungsperioden darstellt. Ich habe in meinen verschiedenen Publikationen über das Konzil viel daraus zitiert. Es zeigt sich hier eine sehr positive Sicht des Konzils, die später in der eher konzilskritischen Phase Ratzingers bisweilen anders klingt.

Ratzingers Vorschlag für Sakramentenpastoral an wiederverheirateten Geschiedenen

Einen viel beachteten Vorschlag zu diesem Problemfeld machte Joseph Ratzinger 1971 auf einer Tagung der Katholischen Akademie in Bayern zum Thema „Ehe – Wirklichkeit und Norm"[101]. Die Unauflöslichkeit der Ehe dürfe nicht infrage gestellt werden, hielt Ratzinger dogmengeschichtlich fest, aber für die pastorale Praxis wollte er „mit aller gebotenen Vorsicht" einen konkreten Vorschlag formulieren, der so lautete:

> „Wo eine erste Ehe seit langem und in einer für beide Seiten irreparablen Weise zerbrochen ist; wo umgekehrt eine hernach eingegangene zweite Ehe sich über einen längeren Zeitraum hin als eine sittliche Realität bewährt hat und mit dem Geist des Glaubens, besonders auch in der Erziehung der Kinder, erfüllt worden ist (so dass die Zerstörung dieser zweiten Ehe eine sittliche Größe zerstören und moralischen Schaden anrichten würde), da sollte auf einem außergerichtlichen Weg auf das Zeugnis des Pfarrers und von Gemeindemitgliedern hin die Zulassung der in einer solchen zweiten Ehe Lebenden zur Kommunion gewährt werden."

Dieser Vorschlag hat mir sehr zu denken gegeben. Ich selbst hatte bis dahin den sonst üblichen rigorosen Standpunkt vertreten, die Zulassung zur Eucharistie sei während dieser zweiten, kirchlich nicht zu schließenden Ehe nicht möglich. Nun aber hat mich ein so probater Autor wie Joseph Ratzinger zum Umdenken bewogen. In diesem Sinn habe ich auch auf Einladung des Wiener Priesterrates am 15. November 1978 ein Grundsatzreferat über den derzeitigen Stand der Diskussion zur Seelsorge an wiederverheirateten Geschiedenen gehalten. Das Pastoralamt der Erzdiözese Wien hat diesen Beitrag als Hilfe zu einer gemeinsamen Suche nach einer verantwortbaren Praxis dieser Pastoral veröffentlicht.

Ich habe die „Ratzingerlösung" später in verschiedenen Publikationen immer wieder zitiert, damit sie vielen bekannt wird und zur seelsorglichen Hilfe dient. Nicht wenige haben dann auch in der Pastoral danach gehandelt, und Kardinal Walter Kasper hat sie sogar noch am 20. Februar 2014 vor dem außerordentlichen Konsistorium vor Papst und Kardinälen zu Beginn der Synode über Ehe und Familie mit Quellenangabe zitiert.[114]

Vorladung nach Rom und doch freundschaftliche Töne[115]

Am 9. Dezember 2002 wurde ich von Kardinal Battista Re, dem Präfekten der Bischofskongregation, über Veranlassung der Glaubenskongregation, wie er schrieb, zu einem „vertiefenden und klärenden Gespräch" über verschiedene Aussagen in meinen Büchern „Im Sprung gehemmt" und „Neue Freude an der Kirche" nach Rom eingeladen. Am 31. Jänner 2003 fuhr ich gemeinsam mit Kardinal Schönborn nach Rom. Das Gespräch leitete Kardinal Ratzinger. Zunächst ging er gar nicht auf meine Bücher ein, sondern sprach von seiner Sorge, dass die Bibelexegese die historisch-kritische Methode überbetone, klagte über Vorgänge in der Kirche in Lateinamerika und dass die Einheit der Kirche in Gefahr sei, wohl auch durch theologische Meinungen, die im Widerspruch zum Lehramt stehen. Dann erst kam er auf meine Bücher zu sprechen und bemängelte, dass ich im neuen *Codex iuris canonici* und im Weltkatechismus nicht alle Vorgaben des Konzils wiederfinde, vor allem aber auch, dass mir das päpstliche Schreiben *Dominus Iesus* als Rückschritt in der Ökumene vorkomme. Das Gespräch verlief aber so freundlich, dass ich befreit sagte: „Ich glaube, ich kann hier ganz offen reden." Worauf Ratzinger antwortete: „Wir sind doch alte Freunde." Er dachte wohl an die gemeinsame Zeit in der Anima während des Konzils. Zum Katechismus wollte er mir ein von ihm gehaltenes Referat schicken, was er auch tat. Auf mein Dankschreiben bekam ich von ihm einen Ostergruß, dem er handschriftlich anfügte: „Auf unterschiedliche Weise versuchen wir doch das Gleiche zu tun: dem Herrn in seiner Kirche zum Heil der Menschen zu dienen. – Herzlich Ihr Joseph Kardinal Ratzinger."[116]

Als Ratzinger 2007 als Papst Benedikt XVI. in Wien war, kam ich bei einer Begegnung mit ihm auf mein Gesuch zur Emeritierung, das ich aus Altersgründen zwei Jahre vorher eingereicht hatte, zu sprechen. Ich hatte noch keine Antwort erhalten. Er antwortete: „Was wollen Sie? Sie sind ja noch so aktiv!" Es war für mich ein Zeichen, dass er sich auch als Papst noch meiner erinnerte und dass er mein bischöfliches Wirken trotz meiner von ihm seinerzeit zensurierten Kirchenkritik doch positiv sah.

Welche Veränderungen ich bei Joseph Ratzinger wahrgenommen habe

Obwohl Ratzinger mehrmals betonte, immer gleich geblieben zu sein, gibt es in seinem Leben und seiner kirchlichen Laufbahn große Veränderungen, die mich überraschten, zum Teil aber auch enttäuschten.

Ratzingers Verhältnis zum Konzil

Joseph Ratzinger hat das Konzil theologisch wesentlich mitgeprägt, dabei der neuen Theologie zum Durchbruch verholfen und dies auch nachdrücklich kommentiert. Später kritisierte er manche Entwicklungen der Kirche nach dem Konzil so scharf, sodass man den Eindruck gewinnen könnte, das Konzil trage die Schuld für diese Entwicklungen. Er meinte es anders, aber sehr konservative Kreise unterscheiden da nicht und sehen den Grund für heute wachsende Probleme in der Kirche im Konzil und führen Ratzinger als Zeugen für ihre Meinung an.

Ratzinger vor und auf dem Konzil

Am 20. November 1961 hielt Kardinal Frings in Genua ein Referat über das Konzil und die moderne Gedankenwelt.[117] Er betonte das Kleinwerden der Welt und eine gänzlich neue Einheit der Menschen. Das Auftauchen neuer, weltweiter Perspektiven hat den Abendländer einem Relativismus ausgeliefert, der ihm die äußeren, wichtigen Stützen der Absolutheit seines Glaubens wegzieht. Aber Frings sieht in diesem Relativismus einen Weg zu einer neuen Verständigung zwischen den Menschen, der Grenzen aufschließt, die bisher verschlossen waren. Er folgert daraus, dass das Konzil sich bemühen muss, „die Kirche mehr noch als bisher jener ganzen Vielfalt des menschlichen Geistes zu öffnen". Das bedeutet eine bewusste Öffnung zu anderen Religionen und Kulturen und zur Welt insgesamt.

In seinen Konzilserinnerungen schreibt Frings, dass dieser Vortrag zur Gänze auf ein Manuskript von Joseph Ratzinger zurückgeht. Er selbst habe nur eine kleine Retuschierung vorgenommen.[118] Es fällt auf, dass Ratzinger schon hier, wie später oft, vom Relativismus spricht, ihn aber damals nicht nur als Gefahr, sondern auch als Herausforderung zur Öffnung sah.

Auf das Konzil selbst konnte Ratzinger weitgehend Einfluss nehmen durch Kardinal Frings, dessen theologischer Berater er ja war, aber auch gemeinsam mit Karl Rahner über Kardinal König[119] und manchmal in Vernetzung mit anderen namhaften Theologen, auch mit Hans Küng aus der Schweiz. Da war die Übereinstimmung, vor allem in der Ekklesiologie, so gut, dass Küng ihn nach dem Konzil sogar einlud, eine Professur in Tübingen zu übernehmen, wo Küng ja wirkte. In vielen Kommentaren ging Ratzinger auf die Entstehung einzelner Konzilsdokumente ein und erklärte sie inhaltlich. Er kritisierte aber auch manche Eingriffe in die Endredaktion „auf Geheiß der höheren Autorität", wie es hieß, weil dadurch die Aussagen unscharf wurden und später unterschiedliche Interpretationen zuließen.

Ratzingers erstaunlich wachsende Kritik nach dem Konzil

Schon am 18. Juni 1965, also noch vor Beendigung des Konzils, warnte Ratzinger vor der katholischen Hochschulgemeinde in Münster vor sich abzeichnenden Fehlentwicklungen nach dem Konzil.[120] „Die freudige Erregung, die der Gedanke des aggiornamento hervorrief, ist längst verebbt. Was als ein charismatischer Pfingststurm begonnen hatte, ist zusehends in den Alltag eingetreten und findet sich vor die Mühseligkeiten des Alltags, vor seine Widersprüchlichkeit gestellt."[121]

1966, ein Jahr darauf, wurde Ratzinger für seine Rede am Katholikentag in Bamberg heftig kritisiert, weil er nicht mehr das freudig-optimistische Bild der Kirche nach dem Konzil zeichnete. 1972, also zehn Jahre nach Konzilsbeginn, wurde er in einem Rückblick noch deutlicher.[122] Zwischen 1971 und 1975 tagte die Gemeinsame Synode der Bistümer in der Bundesrepublik Deutschland in Würzburg, kurz die „Würzburger Synode" genannt. Sie war in ihrer Zusammensetzung genau das, was das Konzil an Wiedereinführung eines synodalen Wesens und der Mitverantwortung der Laien beschlossen hatte: 300 Bischöfe, Theologen, Priester, Ordensleute und Laien diskutierten tatsächlich auf gleicher „Augenhöhe". Unter den prominenten Theologen wie Karl Rahner oder Johann B. Metz war auch Joseph Ratzinger. Am 3. Jänner 1971 fand die erste Vollversammlung statt, und schon im November 1971 schied Ratzinger aus dem Synodalgeschehen aus. „Ich setze nicht auf Gremien, sondern auf prophetische Existenz", schrieb er ein Jahr später in der Zeitschrift *Wort und Wahrheit*.[123] Er ortete eine Krise in der Kirche, begründet durch ein „Austrocknen der spirituellen Reserven". Und weiter schrieb er: „Was am meisten nottut, sind spirituelle Initiativen – Menschen, die den Kern des Evangeliums unverkrampft, authentisch und dadurch schlagkräftig leben." P. Wolfgang Seibel SJ erinnert sich 40 Jahre danach an die Synode und an Ratzinger[124] und kommentiert dies so: „Die Studentenunruhen an der Universität Tübingen saßen ihm [Ratzinger] in den Knochen. Aber ich glaube auch, letztlich waren ihm synodale Vorgänge fremd."[125] Seibel, fast gleich alt wie Ratzinger, war am Konzil Berichterstatter für die katholische Nachrichtenagentur (KNA) und Kommentator für den Bayerischen Rundfunk. Er hatte also Ratzinger am Konzil erlebt und später als Chefredakteur der Zeitschrift *Stimmen der Zeit* seine nachkonziliare Entwicklung genau verfolgt. Was war in Tübingen geschehen? Als Ratzinger 1966 die Lehrtätigkeit in Tübingen aufnahm, wurden die Theologie wesentlich von Rudolf Bultmann und die Philosophie wesentlich von Martin Heidegger bestimmt. Die Aufnahme des Existentialismus in die Theologie sah Ratzinger als nicht ungefährlich an, versuchte aber in seiner Christologie „gegen die existentialistische Reduktion" zu kämpfen. Unter dem Einfluss von Ernst Bloch zerfiel der Existentialismus aber, und es machte sich eine marxistische Revolution breit. Ratzinger war erschüttert. Bildeten früher die theologischen Fakultäten ein Bollwerk gegen marxistische Versuchungen, war nun das Gegenteil der Fall, „sie wurden zum eigentlichen ideologischen Zentrum"[126]. Ratzinger verließ daraufhin Tübingen und zog nach Regensburg.

Meiner Meinung nach liegt hier die Ursache dafür, dass sich Ratzinger später als Präfekt der Glaubenskongregation so scharf gegen die Befreiungstheologie wandte, weil er fürchtete, dass man damit nicht nur die Methoden des Marxismus übernehme, sondern auch seine Inhalte. Die fehlende Spiritualität schien Ratzinger dagegen in den charismatischen Bewegungen zu finden, von denen er allein eine Erneuerung der Kirche erwartete.

Ist wirklich nur von den neuen geistlichen Bewegungen Erneuerung der Kirche zu erwarten?[127]
In Rom gab es 1998 einen Weltkongress für die neuen geistlichen Gemeinschaften (Movimenti). Beim Eröffnungsreferat meinte Kardinal Ratzinger zur Entstehung der neuen geistlichen

Gemeinschaften: „Da hatte der Heilige Geist sich sozusagen selbst wieder zu Wort gemeldet."[128] Für mich bedenklich war seine negative Beschreibung der Situation der Kirche nach dem Konzil. Er sagte: „In der Tat schien nach dem großen Aufbruch des Konzils statt des Frühlings Frost, statt der neuen Dynamik Ermüdung einzukehren. Die Dynamik schien nun ganz woanders zu liegen – dort, wo man aus eigenen Kräften und ohne Gott zu gebrauchen sich anschickte, die bessere künftige Welt zu gestalten."[129]

Ich war von diesem Urteil erschüttert. Hatten sich nicht außerhalb der Movimenti, ja sogar vor deren Entstehen, viele mit Papst und Bischöfen nach dem Konzil aufgemacht, die Kirche zu erneuern? Und jene, die notwendige neue Strukturen suchten, haben deshalb keineswegs Gott außer Acht gelassen. Müde sind viele von uns geworden, weil man sich vergebens mühte, die vom Konzil angeregte Erneuerung auch zu verwirklichen. Vieles ist auf der Strecke geblieben, von Anregungen und Synoden, auch von den 18 weitreichenden Beschlüssen der Würzburger Synode.

Ratzingers überraschende Wende hinsichtlich der Pastoral an wiederverheirateten Geschiedenen[130]

Wenn man die Aussagen Ratzingers zu diesem Thema von 1971 mit jenen vergleicht, die er später als Präfekt der Glaubenskongregation getroffen hat, ergibt sich ein tiefgreifender Unterschied. Das ist deshalb schwerwiegend, weil es die seither geübte Pastoral an so vielen Orten betrifft und Seelsorger wie Betroffene in neue Schwierigkeiten bringt.

Vom 25. September bis 25. Oktober 1980 tagte in Rom eine Bischofssynode zum Thema „Die Aufgaben der christlichen

Familie in der heutigen Welt." Kardinal Ratzinger, damals Erzbischof von München, schrieb am 8. Dezember 1980, also noch vor Erscheinen des nachsynodalen Schreibens *Familiaris consortio* von Papst Johannes Paul II., an alle im pastoralen Dienst Stehenden seiner Diözese, dass die Synode „von der pastoralen Sorge um die Gläubigen getrieben" eine gründlichere Untersuchung dieser Frage wünsche „mit dem Ziel, dass die pastorale Barmherzigkeit noch umfassender werde"[131]. Da scheint Ratzinger noch genauso gedacht zu haben wie 1971, und er hat diese Meinung noch als Bischof in München offiziell vertreten.

Im nachsynodalen Schreiben mahnt Johannes Paul II. zwar, den Betroffenen zu zeigen, wie sie weiter zur Kirche gehören können und was sie darin aktiv tun sollen, zur Eucharistie können sie aber nur zugelassen werden, wenn sie in der zweiten, nun „irregulären" Ehe enthaltsam leben. Hat da das Umdenken Ratzingers begonnen?

1993 haben die drei Bischöfe der oberrheinischen Kirchenprovinz Oskar Seier von Freiburg, Karl Lehmann von Mainz und Walter Kasper von Rottenburg nach eingehenden Beratungen in ihren Diözesen eine pastorale Weisung zu dieser Frage veröffentlicht. Dabei gingen sie über das nachsynodale Schreiben *Familiaris consortio* hinaus und öffneten eine pastorale Praxis für jene Sonderfälle, die Ratzinger 1971 für möglich erachtet hatte. Dieser – nun Präfekt der Glaubenskongregation in Rom – rügte sie aber Ende Dezember 1993 dafür, dass in den ihrem Hirtenschreiben beigefügten Grundsätzen die katholische Lehre „nicht voll durchgehalten" worden sei. Es kam zu mehreren Gesprächen zwischen den drei Bischöfen und Kardinal Ratzinger, und dieser kündigte eine Erklärung zum Thema für die ganze Kirche an. Diese erschien dann am 14. September 1994.[132] Aus der Weltkirche gab es dagegen viele kritische Äußerungen. Dem entgegnete Kardinal Joseph Ratzinger 1998 mit einem neuen Schreiben.[133] Er geht darin auf viele Fragen kritisch ein, und es klingt fast wie eine Ergänzung der dogmengeschichtlichen Aussagen Ratzingers im Jahr 1971. Die Entwicklung in der orthodoxen Kirche wird nun kritisch gesehen. Und was den Gewissensentscheid im Einzelfall anlangt, wird auf die Enzyklika *Veritatis splendor* verwiesen, wo sogenannte pastorale Lösungen, die im Gegensatz zu lehramtlichen Erklärungen stehen, eindeutig zurückgewiesen werden.[134] Es scheint mir, dass Ratzinger mit sich selbst und seiner früheren Aussage über mögliche „pastorale Lösungen" gerungen hat, ohne dies aber jetzt zu erwähnen.

In Joseph Ratzingers gesammelten Werken wird in Band vier auch sein Beitrag zur Tagung in München 1971 wiedergegeben.[135] Den damals „in aller gebotenen Vorsicht" formulierten befreienden Vorschlag findet man dort aber nicht mehr. Stattdessen wird ausführlich über die Möglichkeiten der Annullierung einer Ehe und die mögliche Erweiterung der Gründe dafür gesprochen. Dann wird auf *Familiaris consortio* Bezug genommen, wo die Hirten und die Gemeinschaft der Gläubigen ermahnt werden, „den Geschiedenen in fürsorgender Liebe beizustehen, damit sie sich nicht als von der Kirche getrennt betrachten." Ratzinger wird noch konkreter: „Man sollte ihnen die Möglichkeit zuerkennen, in kirchlichen Gremien aktiv zu werden und auch den Auftrag als Paten anzunehmen, was bisher vom Recht nicht vorgesehen war." Die Unmöglichkeit, die Eucharistie zu empfangen – dies setzt Ratzinger hier offenbar ausnahmslos voraus –, werde für die Betroffenen als disqualifizierend empfunden, „weil gegenwärtig praktisch meist alle in der Messe Anwesenden auch zum Tisch des Herrn hinzutreten" ohne die von Paulus angemahnte „Selbstprüfung". Komme man aufgrund dieser Selbstprüfung auch aus anderen Gründen zum Verzicht auf die Kommunion, würde dies sogar die Größe des Geschenkes der Eucharistie besser erfahren lassen und eine „Art der Solidarität mit den geschiedenen Wiederverheirateten darstellen". Zuletzt will er noch einen anderen praktischen Vorschlag anfügen, nämlich dass die Betroffenen mit verschränkten Armen vor der Brust an die Kommunionbank treten und nur um den Segen bitten, wie es etwa Angehörige anderer Konfessionen bisweilen tun. Bevor ich dies las, habe ich bei der Visitation in einer Pfarre in Niederösterreich diesen Brauch tatsächlich erlebt. Darauf habe ich den Pfarrer gerügt, weil er damit die Betroffenen ja vor der ganzen Gemeinde bloßstellt, aber auch die Symbolik der Mahlgemeinschaft umkehrt, denn sie werden an den Tisch geladen, die Speise aber wird ihnen verwehrt.

Ratzinger hat bei der Herausgabe seiner gesammelten Werke – der betreffende Band erschien 2014 – seine Stellungnahme zur Pastoral an wiederverheirateten Geschiedenen im Vergleich zu 1971 doch wesentlich verändert. Ich war erstaunt, dass der so präzise Theologe Ratzinger nicht wenigstens in einer Fußnote den Grund für eine so tief greifende Meinungsänderung anführte.

Joseph Ratzinger – ein strenger Präfekt der Glaubenskongregation

Ich erinnere mich, dass Kardinal Ratzinger zu Beginn seiner Tätigkeit in der Glaubenskongregation gesagt hat, er sehe seine Aufgabe nicht nur darin, die Glaubenslehre zu schützen, sondern zu helfen, sie zu entfalten. Gerade von einem so hervorragenden Theologen wie Ratzinger konnte man da viel erwarten. Tatsächlich aber sah seine Tätigkeit durch fast 25 Jahre anders aus.

Maßnahmen und Zensuren gegen namhafte Theologen

Die Liste der betroffenen Theologen ist lang, und viele von ihnen haben die Weiterentwicklung der nachkonziliaren Theologie wesentlich beeinflusst.[136] 1985 wurde Leonardo Boff, ein Wortführer der Befreiungstheologie, von der Glaubenskongregation verurteilt und seine Thesen auf den Index gesetzt. Der belgische Dominikaner Edward Schillebeeckx wurde 1986 wegen seiner Stellungnahmen zu Priestertum, Zölibat und Frauenordination offiziell gerügt. Dem US-amerikanischen Moraltheologen Charles Curran wurde 1987 wegen Kritik an lehramtlichen Aussagen zu Ehescheidung, Pille und Homosexualität die Lehrbefugnis entzogen. In Österreich schlug der Fall des Jesuiten Jacques Dupuis besonders hohe Wellen. Ihm wurde 1997 der Lehrstuhl an der päpstlichen Universität Gregoriana entzogen. Dupuis war ein renommierter Fachmann für fernöstliche Religionen, und der Stein des Anstoßes war sein Buch *Unterwegs zu einer christlichen Theologie des religiösen Pluralismus*[137]. Kardinal König, selbst ein hochgeschätzter Fachmann für Fragen der Weltreligionen, nahm am 16. Jänner 1999 geradezu „leidenschaftlich" dazu Stellung und verteidigte Dupuis.[138] Der Glaubenskongregation warf König vor, in die gegenwärtig so wichtige Frage der Religionstheologie vorzeitig eingegriffen zu haben: „Statt für eine neue und höchst komplizierte Materie größtmögliche Freiheit zu gewähren, ist das Vorgehen dazu angetan, die Theologen zu entmutigen und das Thema als gefährlich zu brandmarken."[139] Der Vorwurf charakterisiert die Vorgangsweise der Glaubenskongregation insgesamt, die damit die von Ratzinger angekündigte Hilfe zur Entfaltung der Lehre verweigert hat.

Hemmende Erklärungen der Glaubenskongregation

In der Ära Ratzinger haben verschiedene Erklärungen der Glaubenskongregation den nachkonziliaren Fortschritt gehemmt. Beispielhaft möchte ich zwei herausgreifen, die mir besonders weitreichend erscheinen.

Die Instruktionen über die Befreiungstheologie 1984 und 1986
Besonders in der ersten Instruktion verwendete Ratzinger sehr scharfe Worte. Er bezeichnete die sozialreligiöse Sehnsucht als eine gefährliche Verwechslung der „Armen der Schrift mit dem Proletariat von Marx"[140]. Die kommunistischen Regime nennt Ratzinger eine „Schande unserer Zeit", und die Theologen, die sich vom Marxismus anstecken ließen, seien töricht.[141] Die zweite Instruktion klang milder, konnte aber die Wirkung der ersten nicht mehr abschwächen. Diese harte Verurteilung traf eine für mich eindrucksvolle Frucht des Konzils. Die lateinamerikanischen Bischöfe waren nämlich endlich von der Seite der Reichen auf die Seite der Armen gewechselt. Die theologische Auseinandersetzung mit den „schreienden" sozialen Problemen brachte sicher auch Übertreibungen, aber gerade die neue Parteinahme der Kirche für die Armen hätte größte Unterstützung durch Rom benötigt.

Die Erklärung Dominus Iesus *vom 6. August 2000*
Zunächst richtete sich diese Erklärung „über die Einzigartigkeit und die Heilsuniversalität Jesu Christi und der Kirche" gegen die sogenannte „pluralistische Religionstheorie", nach der alle Re-

ligionen theologisch gleichwertig seien und Jesus Christus nur ein Religionsstifter und Heilsbringer unter anderen. Ich erinnere mich, dass der damalige Bischof der evangelischen Kirche in Österreich Dieter Knall einmal fast mahnend zu mir sagte, wir dürften im interreligiösen Gespräch keinesfalls das Bekenntnis zu Jesus Christus vernachlässigen. So gesehen hätte *Dominus Iesus* inhaltlich eine von der christlichen Ökumene gemeinsam getragene Aussage getroffen. Das betrifft die ersten drei Kapitel, in denen es um diese einmalige Stellung Jesu Christi geht.

Im vierten Kapitel geht es dann aber um die Einzigkeit und Einheit der Kirche, worunter hier – wie vor dem Konzil – nur die römisch-katholische Kirche verstanden wird. Die anderen christlichen Kirchen werden in eher schroffen Worten unterschieden in solche, die „Teilkirchen" sind, und jene, die nur „kirchliche Gemeinschaften" bilden.[142] In der Ökumene gab es dazu heftige Proteste, auch in Österreich. Kardinal Schönborn lud zur Beruhigung am 22. Jänner 2001 zu einem „runden ökumenischen Tisch" ein, bei dem auch Kardinal Walter Kasper anwesend war, damals Sekretär des päpstlichen Rates für die Einheit der Christen. Auch er fand kritische Worte und bemängelte, dass er die Endfassung der Erklärung vor der Veröffentlichung nicht mehr gesehen habe. Die Erklärung erscheint wie ein Rückschritt hinter die seit dem Konzil z. T. so erfreulichen Fortschritte in der Ökumene.

Glaubenskongregation grenzt Reformbewegungen aus

Die Bischofsernennungen in Österreich ab 1986 brachten gerade für sehr aktive Katholiken herbe Enttäuschungen. Die weitere Erneuerung der Kirche im Geiste des Konzils, wie sie Kardinal König vorbildlich vorangetrieben hatte, war sichtlich in Gefahr.

Als dann am 26. März 1995 das Magazin *Profil* in einer Reportage Kardinal Groër des sexuellen Missbrauches von Schülern in seiner Zeit als Religionsprofessor in Hollabrunn bezichtigte – ein Vorwurf, der sich später erhärtete –, entstand am 5. April des Jahres auf Initiative des Innsbrucker Religionslehrers Thomas Plankensteiner die Idee eines *Kirchenvolksbegehrens*. Vom 3. bis 25. Juni 1995 sammelten Ehrenamtliche in ganz Österreich dafür Unterschriften. Das Ergebnis war erstaunlich hoch, 505.154 Menschen haben unterschrieben. Gefordert wurden der Aufbau einer geschwisterlichen Kirche, Gleichberechtigung der Frauen, freie Wahl zwischen zölibatärer und nichtzölibatärer Lebensform, eine positive Bewertung der Sexualität und eine Frohbotschaft statt einer Drohbotschaft. Die offensichtliche Krise in der Kirche sei aber auch eine Chance zu einem zukunftsweisenden Neubeginn, sagte man.

Noch im Sommer wurde die Idee von Südtirol und Deutschland übernommen, wo alsbald auch Kirchenvolksbegehren mit denselben Forderungen stattfanden; in Deutschland unterschrieben 1,8 Millionen. Aus dem Kirchenvolksbegehren ging die Plattform „Wir sind Kirche" hervor, die die genannten Anliegen nun über die Jahre weiter vorantrieb. „Wir sind Kirche" breitete sich auch in anderen Ländern aus und am 23. und 24. November 1996 gab es bereits das erste internationale Treffen der Bewegung „International Movement we are Church" (IMWAC) in Rom.

Die Glaubenskongregation reagierte besorgt, was bei zwei Anlässen besonders deutlich wurde. Als vom 23. bis 29. Juni 1997 in Graz die Zweite Europäische Ökumenische Versammlung stattfand, war „Wir sind Kirche" entschlossen, daran teilzunehmen. Dem Grazer Bischof Johann Weber wurde jedoch von der Glaubenskongregation mitgeteilt, „dass dieser Initiative, die von der katholischen Kirche nicht als legitim anerkannt ist, weder in der Organisation noch im Verlauf der Ökumenischen Versammlung irgendein Platz eingeräumt werden darf". Dabei war das Motto der Tagung „Versöhnung – Gabe Gottes und Quelle neuen Lebens".

Der zweite Anlass für negative Äußerungen aus Rom war der „Dialog für Österreich" 1998. Die wachsende Polarisierung in der Kirche des Landes sollte auf einem gut vorbereiteten Forum ausdiskutiert werden. Bischof Johann Weber, diesmal als Vorsitzender der österreichischen Bischofskonferenz, bekam ein Schreiben aus Rom, dass an einer Beteiligung der Gruppe „Wir sind Kirche" kein grundsätzlicher Einwand bestehe, „allerdings müsste in diesem Fall öffentlich klargestellt werden, dass damit keine offizielle kirchliche Anerkennung der Gruppe verbunden ist". Denn sie vertrete – so der Hinweis aus Rom – in einigen Punkten Auffassungen, die nicht voll mit der Lehre und der Disziplin der Kirche übereinstimmten.

Entgegen den Befürchtungen aus Rom wurde der „Dialog für Österreich" zunächst zu einem großen Erfolg. Ich selbst erlebte, wie in den Arbeitskreisen Leute mit unterschiedlichen Meinungen auf einmal gut miteinander diskutieren konnten und viele Anträge mit großer Mehrheit beschlossen wurden. Bischof Weber sprach in der Schlussrede von einem gewonnenen Kapital, das wir nicht verschleudern dürften. Die Bischöfe gingen aber in der Folge mit den ohnehin moderaten Resolutionen allzu ängstlich um, was viele enttäuschte.

Paul Iby war der einzige Bischof, der die Gunst der Stunde erkannte und 1999 in seiner Diözese Eisenstadt einen *Dialog für Burgenland* startete. Im Laufe von zwei Jahren gab es 1600

Eingaben, die dann zusammengefasst wurden. Am Ostersonntag 2001 gab Bischof Iby das Ergebnis in einer Publikation heraus mit dem Titel *Dialog für Burgenland. Anliegen und Maßnahmen. – Dialog mit Gott und den Menschen.* Sehr konkret wurde darin aufgelistet, wer für das Erreichen der einzelnen Ziele zuständig sei. Rom war diese Aktion gar nicht recht. Iby wurde zu einem Gespräch mit dem Präfekten der Glaubenskongregation vorgeladen, das am 10. Juli 2001 stattfand. Dabei wurde er aufgefordert, zu einzelnen Fragen – und es waren nicht wenige –Klarstellungen abzugeben, um so „die Einheit und Gemeinschaft mit der Kirche zu wahren". Am 28. Juli 2001 erhielt Iby vom Präfekten der Sakramentenkongregation Jorge Arturo Medina Estévez eine ausführliche Kritik an den getroffenen Aussagen zu Liturgie und sakramentalem Leben, und am 26. Mai 2002, dem Dreifaltigkeitssonntag, veröffentlichte Iby die von Rom verlangten „Klarstellungen" in einem Schreiben an seine Diözesanen.

2013 feierte Paul Iby sein 20-jähriges Bischofsjubiläum. Ich hielt die Festpredigt und nannte Iby einen „Bischof des Dialogs". Ich verwies auf seinen Leitungsstil und schließlich auch auf den „Dialog für das Burgenland". Ich verteidigte ihn gegen die Vorwürfe aus Rom, weil er eigentlich ein päpstliches Vorbild habe, Papst Paul VI. Dieser hatte seine Antrittsenzyklika *Ecclesiam suam* ganz dem Dialog gewidmet und dazu aufgerufen, „dass Kirche und Welt einander begegnen, einander kennen und lieben lernen". Und dafür „muss die Kirche ihr eigenes Bewusstsein vertiefen, ihr tatsächliches Antlitz mit ihrem Idealbild vergleichen und schließlich als Folge daraus den Dialog mit der Welt aufnehmen". Ja, „die Kirche macht sich selbst zum Dialog", hieß es damals programmatisch in der Enzyklika. Hätte die Glaubenskongregation daher nicht die Möglichkeit, ja die Verpflichtung gehabt, den Dialog nach allen Seiten zu fördern und zu unterstützen, statt Reformkräfte allzu bald auszugrenzen?

Kardinal Ratzinger auf dem Weg zum Papstamt

Gegen Ende des Pontifikates von Johannes Paul II. begann die Suche nach einem möglichen Nachfolger. Dabei wurde auch Kardinal Ratzinger genannt, obwohl er für seinen Kirchenkurs als Präfekt der Glaubenskongregation auch viel Kritik hatte einstecken müssen. Fortschrittliche Kreise wie die St. Gallener Gruppe[143] suchten nach Alternativen und dachten dabei auch schon an Jorge Mario Bergoglio, aber zwei Ereignisse „warben" dann mehr für Ratzinger. Er hat beide selbst inszeniert.

Als Dekan des Kardinalskollegiums im Rampenlicht

Zunächst ist hier das Begräbnis von Johannes Paul II. zu nennen, das Ratzinger als Dekan des Kardinalskollegiums meisterhaft inszenierte und souverän leitete. Plötzlich stand er im Rampenlicht der großen Welt- und Medienöffentlichkeit.

Dann der Eröffnungsgottesdienst zum Konklave. Ratzinger verlegte diese Messe zum ersten Mal in der Geschichte in den Petersdom und damit in eine große Öffentlichkeit. Und er benützte die Predigt fast zu einer Regierungserklärung. Dabei rechnete er gnadenlos mit seiner Meinung nach falschen Entwicklungen in der nachkonziliaren Kirche ab. Das Schiff der Kirche sei von Stürmen und hohen Wogen bedroht. Dafür machte er die unzähligen „Ismen" verantwortlich, Marxismus, Liberalismus, Hedonismus, Atheismus, Synkretismus, Individualismus und einen verschwommenen Mystizismus, vor allem aber warnte er vor einer Diktatur des Relativismus.[144] In der Rede, die er als junger Theologe vor dem Konzil für Kardinal Frings konzipiert hatte, hatte er bei aller Gefährlichkeit des Relativismus in diesem auch eine positive Herausforderung gesehen. Jetzt aber sah er diesen als größten Feind des Glaubens.

Die Wahl im Konklave

Der Vorgang kann nur auf der Basis von Indiskretionen und Andeutungen rekonstruiert werden, denn für die Konklavisten besteht ja eine streng verpflichtende Geheimhaltung.[145] Im ersten Wahlgang soll Ratzinger 47 Stimmen erhalten haben, Bergoglio zehn und Martini neun. Am folgenden Tag erhielt Ratzinger zunächst 65, Bergoglio 35. Im dritten Wahlgang schließlich erhielt Ratzinger 72, Bergoglio 40. Da habe Bergoglio seine Kandidatur zurückgezogen, um die Spaltung nicht zu vergrößern. Im vierten Wahlgang am Nachmittag des 19. Aprils 2005 bekam Ratzinger dann 84 Stimmen. Um 17.50 Uhr stieg zunächst ein Gemisch von grauem und schwarzem Rauch auf – ein merkwürdiges Zeichen! –, dann setzte sich aber der bedeutsame weiße Rauch durch.[146] Ratzinger war gewählt und nahm den Papstnamen Benedikt XVI. an.

Meine Stellungnahme im österreichischen Fernsehen

Am 19. April war ich der einzige Bischof, der in Wien erreichbar war, und so wurde ich vom ORF in die Abendnachrichten eingeladen. Die Zeit der Vorbereitung war sehr kurz. Zunächst schaute ich im *Lexikon für Theologie und Kirche* nach, was Benedikt XV. einst ausgezeichnet hatte, um zu erraten, warum Ratzinger diesen Namen angenommen hat. Ich fand, dass sich dieser Papst im Ersten Weltkrieg sehr für den Frieden eingesetzt hatte, aber leider erfolglos. Besser passte zu Ratzinger, dass sich Benedikt XV. um die Beendigung der Modernismuskrise bemühte, die seit Pius X. anhielt und die Theologie in große Schwierigkeiten brachte. Ratzinger hatte ja noch in der Enzyklika *Humani generis* von Pius XII. ein letztes Wetterleuchten dieser Krise gesehen.

Im Fernsehstudio aber „prahlte" ich dann ein wenig mit meiner schon so lange andauernden Bekanntschaft mit Ratzinger noch aus der Zeit des Konzils. Dann berichtete ich, was Ratzinger alles ins Konzil eingebracht hatte und dass er sich damit große Verdienste für die Entwicklung der Theologie erworben habe. Ich würde mir nun vom neuen Papst wünschen, dass er in diesem Geist regieren werde, um die von Johannes Paul II. gebremste nachkonziliare Erneuerung wieder mutig voranzutreiben. Obwohl man das von Ratzinger als Präfekt der Glaubenskongregation in letzter Zeit leider nicht erlebt hatte, hoffte ich doch darauf, dass die neue, gesamtkirchliche Verantwortung ihn neu motivieren würde.

Mit dieser Hoffnung traf ich mich mit Hans Küng, der über die Wahl Ratzingers sehr enttäuscht war, aber dann doch riet abzuwarten. „Die Erfahrung zeigt: Der Petrusdienst in der katholischen Kirche ist heutzutage eine derartige Herausforderung, dass er jede Person verändern kann. Wer als progressiver Kardinal ins Konklave ging, kann als konservativer Papst herauskommen (Montini – Paul VI.). Wer als konservativer Kardinal ins Konklave ging, kann als progressiver Papst herauskommen." Und dabei dachte er an Roncalli, Papst Johannes XXIII.[147] Das folgende Pontifikat hat aber leider die so positiven Hoffnungen von uns beiden nicht erfüllt.

Was ich Papst Benedikt noch gerne gefragt hätte

Im Pontifikat Benedikts XVI. häuften sich Äußerungen und Maßnahmen, die uns überraschten. Es war uns nicht immer klar, was der Papst damit bezweckte, weil die Folgen sich manchmal negativ auf seinen Leitungsstil, ja sogar auf die Kirche auswirkten. Bei seinem sonst so schlussfolgernden Denken und vor allem nach seiner langen Erfahrung in der Kurie wunderten wir uns, dass er manche Konsequenzen offenbar nicht voraussah. Oder war das vielleicht sogar beabsichtigt und die Dialektik eines etwas ungewöhnlichen Regierungsstils? Darum stelle ich hier zu einigen Vorkommnissen hypothetisch meine Fragen.

War nicht vorauszusehen, dass das Mohammed-Zitat in Regensburg schockiert?

Am 12. September 2006 hielt der Papst auf der Universität in Regensburg einen Vortrag zum Thema „Vernunft und Glaube". Dabei zitierte er aus einem historischen Dialog zwischen dem byzantinischen Kaiser Manuel II. Palaiologos und einem persischen Gelehrten vor 600 Jahren. Der Kaiser sagte: „Zeig mir doch, was Mohammed Neues gebracht hat, und da wirst du nur Schlechtes und Inhumanes finden wie dies, dass er vorgeschrieben hat, den Glauben, den er predigte, durch das Schwert zu verbreiten." Die Rede war vorher schon an die Journalisten ausgeteilt worden. In Windeseile verbreitete sich dieser eine Satz – ganz aus dem Zusammenhang gerissen – über die Medien in die ganze Welt. Der Schaden für das interreligiöse Gespräch war enorm. Der Papst war in Folge um Wiedergutmachung bemüht. Er lud 22 Botschafter muslimischer Länder und die Vertretung der Muslime Italiens zu einem kleinen Gipfeltreffen ein und beteuerte, er möchte „die Bande der Freundschaft und Solidarität zwischen dem Heiligen Stuhl und der muslimischen Gemeinschaft in der Welt stärken"[148]. Zwei Monate später besucht Benedikt XVI. die Türkei. In Istanbul besuchte er mit Großmufti Mustafa Cagrici die Blaue Moschee und betete dort.

Sicher wollte der Papst mit seiner Rede in Regensburg nicht provozieren. Jahre später gesteht Ratzinger seinem Biographen Peter Seewald, er habe seine Rede als streng akademische konzipiert, ohne sich bewusst zu sein, „dass man eine Papstrede nicht akademisch, sondern politisch liest"[149].

Sind die „neue" und „alte" Messe austauschbar?

Am 3. Oktober 1984 erhielten die Diözesanbischöfe von der Gottesdienstkongregation die Vollmacht, die Feier der Heiligen Messe im sogenannten tridentinischen Ritus geschlossenen Gruppen in eigens dafür bestimmten Kirchen und unter Verwendung des Missale von Pius V. in der erneuerten Ausgabe von Johannes XXIII. von 1962 zu erlauben. Wie ich mich erinnere, hielt sich das Interesse daran in Grenzen. Überraschend erweiterte Benedikt XVI. am 2. Juli 2007 in seinem Motu proprio *Summorum Pontificum* die Möglichkeit der Feier solcher Messen als „forma extraordinaria" des einen römischen Ritus. Durch diese päpstliche Initiative wuchs nun das Interesse an solchen Messen, und es bildeten sich Kreise, die durch die Feier der Messe in dieser außerordentlichen Form ein Zeichen der Kritik an der sonst erneuerten Liturgie setzen wollten. Ihrer Meinung nach habe diese viel von der „Mystik" der früheren Liturgie verloren. Verabsäumt wurde von Rom, deutlich zu machen, dass es sich hier nicht nur um zwei austauschbare Riten handelt, sondern um zwei verschiedene Kirchenbilder. War der frühere Ritus ein Abbild einer einseitig hierarchisch gesehenen Kirche und die Messe in Folge eine reine Priesterliturgie, so ist die erneuerte Messform nach dem Konzil ein Bild für die Kirche als Gottesvolk, das gemeinsam, in möglichst tätiger Teilnahme feiert.

Warum hat Benedikt XVI. das getan? Wohl einmal, um dadurch konservativen Kreisen, bis hin zu den Piusbrüdern, die Hand entgegenzustrecken. Dann aber, weil er selbst der nachkonziliaren Entwicklung der Liturgie kritisch gegenüberstand. Dies kommt in seinem Buch *Der Geist der Liturgie* zum Ausdruck und in vielen anderen Äußerungen. Es trieb ihn auch die Sorge, das Heilige in der Messe gegen alle äußeren Aktivitäten zu wahren. In den letzten Jahren seines Pontifikates ließ er bei der Kommunion eigens Kniebänke aufstellen, damit die Gläubigen die Kommunion kniend empfangen. Bedenklich ist aber, dass mit einem Zurück in der Liturgieerneuerung auch die Erneuerung der Kirche insgesamt gebremst wird. Hat doch Johannes Paul II. zum 25. Jahrestag der Liturgiekonstitution gesagt: „Es besteht in der Tat eine sehr enge und organische Verbindung zwischen der Erneuerung der Liturgie und der Erneuerung des ganzen Lebens der Kirche."

Wozu braucht es eine dritte Karfreitagsbitte?

Aus meiner Jugendzeit ist mir noch im Ohr, wie es am Karfreitag in den großen Fürbitten geheißen hat: „Oremus pro perfidis Judaeis." Und weiter beteten wir: „Allmächtiger Gott, der Du sogar die treulosen Juden von Deiner Erbarmen nicht ausschließest, erhöre unsere Gebete, die wir ob der Verblendung jenes Volkes vor dich bringen." Johannes XXIII. hat gleich nach seiner Wahl das Eigenschaftswort „perfidis" aus dem Messbuch streichen lassen, und nach dem Konzil hieß es dann im Messbuch von Paul VI. aus dem Jahr 1969 ganz anders: „Lasset uns auch beten für die Juden, zu denen Gott, unser Herr, zuerst gesprochen hat. Er bewahre sie in der Treue zu seinem Bund und in der Liebe zu seinem Namen." Das war mit Vertretern des Judentums abgesprochen und entsprach ganz der auf dem Konzil gewonnenen theologischen Sicht der Erwählung der Juden durch Gott. Als nun die „alte" Messe wieder zugelassen wurde, stand dort wieder der frühere, für die Juden so anstößige Text. Kardinalstaatssekretär Bertone machte einen Vermittlungsvorschlag: Priester, die das alte Missale verwenden, müssten die Texte für das „triduum sacrum" aus dem neuen Messbuch übernehmen.[150] Benedikt XVI. stimmte nicht zu, sondern formulierte eine neue Fürbitte: „Lasset uns auch beten für die Juden, dass Gott, unser Herr, ihre Herzen erleuchte, damit sie Jesus Christus erkennen, den Retter aller Menschen. Du willst, dass alle Menschen gerettet werden. Gewähre gnädig, dass bei Eintritt der Fülle aller Völker in Deine Kirche ganz Israel gerettet werde." Der Oberrabiner von Rom, Riccardo Di Segni, war zutiefst enttäuscht: „Es ist ein tragischer Rückschritt, der für jede Art des Dialogs zwischen Katholiken und Juden ein schweres Hindernis darstellt." Hatte Ratzinger die so heftige und mühsame Diskussion am Konzil vergessen, die schließlich nach so vielen Jahren zu einem versöhnten Verhältnis zum Judentum geführt hatte?

Wurden die Piusbrüder ohne Umkehr begnadigt?

Erzbischof Marcel Lefebvre hatte 1970 in der Schweiz aus Protest gegen mehrere Beschlüsse des Konzils, besonders die Liturgie, die Religionsfreiheit, die Ökumene und die Erklärung über das Verhältnis zu den Juden betreffend, eine Priestergemeinschaft mit dem Namen „Piusbruderschaft" gegründet. Als Lefebvre vier Priester dieser Gemeinschaft – Bernard Fellay, Bernard Tissier de Mallerais, Richard Williamson und Alfonso de Gallareta – ohne römische Genehmigung zu Bischöfen weihte, begab er sich dadurch kirchenrechtlich in ein Schisma und wurde samt den Neugeweihten von Johannes Paul II. 1988 exkommuniziert. Benedikt XVI. wollte dieses Schisma unbedingt beenden und nahm Gespräche mit Bischof Bernard Fellay auf, der nach dem Tod von Lefebvre 1991 Leiter der Gemeinschaft geworden war. Im Dezember 2008 versprach dieser dem Papst, fest an den Primat Petri und seine Vorrechte zu glauben. Über die Akzeptanz des Konzils gab es damals aber keine Einigung. Dennoch hob der Papst am 24. Jänner 2009 die Exkommunikation auf, weil er meinte, mit Bischöfen innerhalb der Kirchengemeinschaft könnte man eher zu einer Lösung der noch offenen Fragen kommen, als wenn sie außerhalb stehen.[151] Ich war über diese „Begnadigung" ohne wirkliche Vorleistung sehr erstaunt. Es wäre zu erwarten gewesen, dass der Papst vor Aufhebung der Exkommunikation ein klares Bekenntnis zum Zweiten Vatikanischen Konzil verlangte, noch dazu, wo doch gerade er dieses Konzil an der Seite von Kardinal Frings so maßgeblich mitgestaltet hatte. Hans Küng verstand die Empörung vieler Katholiken, dass der Papst gerade diese so umstrittene, antiökumenische und reformfeindliche Bruderschaft wieder in die Kirche eingliedern will, und stellte die Frage: „Warum übt er nicht dieselbe Toleranz zum Beispiel auch gegenüber Befreiungstheologen und Reformern?"[152]

Aber der Eklat um diese Maßnahme wurde noch wesentlich verschärft. Im November vor dem päpstlichen Straferlass hatte sich einer der vier wieder aufgenommenen Bischöfe, Richard Williamson, in einem Interview mit dem schwedischen Fernsehen eindeutig als Leugner des Holocaust deklariert. Dieses Interview wurde am 21. Jänner 2009, also drei Tage vor der „Begnadigung" ausgestrahlt. Für das Verhältnis der römischkatholischen Kirche zum Judentum war dies verheerend. Der Vizepräsident des Zentralrates der Juden in Deutschland sprach von einer schier unfassbaren Provokation. Es sei bedauerlich, dass „ausgerechnet ein deutscher Papst eine Eiszeit in den Beziehungen zwischen den Juden und der katholischen Kirche heraufbeschwört"[153].

Für Benedikt XVI. muss dieses Erlebnis schrecklich gewesen sein. Aber wo waren seine Berater geblieben? Die Medienleute im Vatikan oder der für die Politik des Papstes mitverantwortliche Staatssekretär?

Ist der Appell zur „Entweltlichung" nicht missverständlich?

Am 25. September 2011 hielt Benedikt XVI. zum Abschluss einer viertägigen Deutschlandreise im Freiburger Konzerthaus vor 1500 „engagierten Katholiken aus Kirche und Gesellschaft" einen vieldiskutieren Vortrag, in dem er zur „Entweltlichung" aufrief. Dieses Wort schockierte zunächst, weil es wie ein Ruf zur Weltflucht klang. Was man alles heraushören kann und welche Interpretationen möglich sind, geht aus einem Sammelband hervor, den der Fernsehjournalist Jürgen Erbacher herausgab und in dem er 20 Autoren aus Kirche, Theologie, Wissenschaft, Politik und Medienwelt zu Wort kommen ließ.[154]

Mich hat der Begriff „Entweltlichung" deshalb sehr nachdenklich gemacht, weil mir vorkam, dass er in eine ganz andere Richtung weist als die Pastoralkonstitution *Kirche in der Welt*, wo es um die enge Verbundenheit der „Jünger Christi" mit den Menschen, mit der Welt ging. Kardinal Walter Kasper, einer der Autoren des erwähnten Sammelbandes, fragte auch, ob „Entweltlichung" ein besonders glücklicher Begriff für das Gemeinte sei. Das Wort stamme ja aus der Theologie Rudolf Bultmanns, evangelischer Theologe und Professor für Neues Testament, aus den frühen 1960er-Jahren. „Schon damals setzte man von katholischer Seite der Bultmannschen *Entweltlichung* den eher inkarnatorischen Zug der katholischen Ekklesiologie entgegen"[155], also die irdische, „weltliche" Aufgabe der Kirche als fortlebender Christus.

Ich glaube, Benedikt XVI. wollte am Ende seines viertägigen Deutschlandsbesuches als deutscher Papst der Kirche seiner Heimat eine mahnende Exhorte halten. Die Kirche in Deutschland ist eine reiche, politisch einflussreiche Kirche, die sich um ihre äußere Gestalt und neue Strukturen Sorge macht. Eine Kirche, die aber immer mehr Mitglieder verliert und unter der wachsenden Zahl von Gläubigen anderer Konfessionen und Religionen, oder auch sogenannter „Ungläubiger", in eine Diasporasituation zu kommen scheint. Es droht die Versuchung, sich in die eigenen geschützten Räume zurückzuziehen oder sich der Umwelt anzupassen. Dieser Kirche will der Papst sagen – so interpretiert es Kardinal Kasper –, sie solle ihre Hoffnung nicht auf politische und wirtschaftliche Macht sowie weltlichen Einfluss setzen und nicht mit weltlichen Interessen verflochten sein. Kirche sei *in* der Welt, aber nicht *von* der Welt.

Und doch fürchte ich, dass „Entweltlichung" bei manchen wieder den alten Dualismus aufleben lässt: hier Kirche, ihr gegenüber die Welt, oder Geistliches im Gegensatz zum Weltlichen. Aber gerade das wollte das Konzil überwinden. Johannes

XXIII. hat uns eine gläubige Unbefangenheit der Welt gegenüber gezeigt, einer Welt, die von Gott doch gut erschaffen wurde. Und zwischen Kirche und Welt soll es zu einem fruchtbaren Austausch kommen: Die Kirche hat der Welt so viel zu geben, dem Einzelnen und der Gemeinschaft, aber auch die Kirche verdankt der Welt so viel.[156]

„Gäbe es ein ‚Wort des Jahres' im Bereich Theologie und Kirche, ‚Entweltlichung' hätte 2011 sicher beste Chancen zum Sieg gehabt", meinte der Journalist Erbacher.[157] Das Wort war 2011 tatsächlich in aller Munde. Hatte Benedikt XVI. vielleicht wieder, wie beim Mohammed-Zitat in Regensburg, die Wirkung eines „Reizwortes" auf die Medien unterschätzt?

Was hat Papst Benedikt XVI. zu seinem Rücktritt bewogen?

Zunächst war es wohl sein Alter. Im Jahr des Rücktrittes erreichte er das 86. Lebensjahr und spürte die mit dem Alter verbundenen gesundheitlichen Beeinträchtigungen. Von seinem Vorgänger hatte er erlebt, wie dieser in den letzten Jahren von Krankheit zunehmend schwer gezeichnet sein Amt bis zuletzt auszuüben versuchte. Benedikt war sichtlich der Meinung, dass zur rechten Ausübung eines so hohen Amtes eine entsprechende körperliche Verfassung notwendig sei. Sein Rücktritt fand auch weltweit Anerkennung und Verständnis. Nur Kardinal Stanislaw Dziwisz von Krakau, der langjährige Sekretär von Johannes Paul II., kritisierte den Rücktritt mit den Worten: „Man steigt nicht vom Kreuz herunter." Benedikt war erst der zweite Papst, der freiwillig von seinem Amt zurücktrat. Vor ihm war es Coelestin V.

im Jahr 1294. Benedikts Rücktritt war keine Flucht, sondern hat dem Papstamt einen großen Dienst geleistet. Er hat es „entmystifiziert"[158] und damit auch menschlicher erscheinen lassen. In der Papstgeschichte wird Benedikt sicher auch gerade deshalb zitiert werden. Ein weiterer Grund für den Rücktritt waren sicher so manche Enttäuschungen. Bei der Messe zur Amtseinführung am 24. April 2005 sagte er als neuer Papst, die vorrangige Verpflichtung sei für ihn die Wiederherstellung der vollen und sichtbaren Einheit der Jünger Christi: „Das ist mein Bestreben, meine dringende Pflicht."[159] Er litt darunter, dass die Polarisierung in der katholischen Kirche immer größer geworden war und die Ziele für eine sich erneuernde Kirche immer unterschiedlicher benannt wurden. Für die Gewinnung der Einheit war er sogar bereit gewesen, den hohen Preis der Wiedereingliederung der Piusbruderschaft zu zahlen, ohne deren vorherige „Umkehr", nämlich die Anerkennung des Konzils, zu verlangen. Gerade solche Versuche haben die Spaltung in der Kirche sogar noch vertieft. Ein Grund für die Polarisierung lag in der unterschiedlichen Auslegung der Konzilstexte. Bei der Eröffnungsfeier zum Jahr des Glaubens am 11. Oktober 2012 sagte er: „Seit dem Zweiten Vatikanischen Konzil hat sich in der Gesellschaft ein Prozess ‚geistiger Verwüstung' vollzogen."[160] Der Gottesglaube und die religiöse Praxis seien im Schwinden. Es machten sich Relativismus, Individualismus, Indifferentismus, Atheismus, Laizismus und Säkularismus breit. Und das, so der Papst, gerade in Europa entgegen seiner doch ganz anders prägenden Kultur in der Geschichte. Besonders erschütterten ihn entsprechende Entwicklungen in seiner Heimat Deutschland. Schon 2010 gründete er einen päpstlichen Rat zur Förderung der Neuevangelisierung unter der Leitung von Bischof Rino Fisichella. Aber dieser blieb eine römische Zentralstelle mit zu wenig Wirkung in die Basis.

Marco Politi zeichnet in seinem sehr kritischen Porträtbuch über Benedikt in drei Kapiteln ausführlich den Regierungsstil und seine Mängel, aber auch die seelische Betroffenheit des Papstes.[161] Politi charakterisiert Benedikt XVI. als einen „einsamen" Regenten. Er arbeitete am liebsten für sich selbst und bediente sich nicht der in der Kurie üblichen Verwaltungsabläufe. Mit den Leitern der Kongregationen und Ämter hielt er weniger Kontakt als seine Vorgänger. Die Auswahl seiner Mitarbeiter zeigte seinen eigenen Stil: Für ihn war Loyalität wichtiger als fachliche Qualität. Ein Musterbeispiel dafür war Kardinal Tarcisio Bertone. Mit ihm hatte er lange Jahre in der Glaubenskongregation zusammengearbeitet, während ihm für das Amt als Staatssekretär die notwendige diplomatische Erfahrung fehlte. Das musste Benedikt vor allem in der Williamson-Affäre peinlich erfahren.

Ratzinger wurde als Papst von der „Welt" zunächst gut aufgenommen, war er doch vielen durch seine Laufbahn weithin bekannt. Durch eine Reihe von Fehlgriffen und missverständlichen Äußerungen bei offiziellen Reden sank diese Anerkennung aber. Besonders drastisch war das nach der Williamson-Affäre vor allem in Deutschland zu beobachten. Hatte die Bild-Zeitung nach der Wahl Ratzingers die Schlagzeile „Wir sind Papst" gebracht, so titelte der „Spiegel" nach der Fehleinschätzung von Williamson reißerisch: „Ein deutscher Papst blamiert die Kirche."[162]

Ein Jahr vor dem Rücktritt erschütterte die sogenannte „Vatileaks Affäre" Papst und Kurie wie eine Bombe. Durch eine beispiellose Indiskretion kamen vertrauliche Dokumente an die Öffentlichkeit, die Machtkämpfe, Intrigen und Skandale innerhalb der Kurie enthüllten. Die Hauptrolle spielte dabei der Kammerdiener des Papstes, Paolo Gabriele, der zahlreiche Dokumente aus dem Schreibtisch des Papstes entwendete. Die Affäre zeigte einerseits beklagenswerte Missstände in der Vatikanverwaltung, andererseits aber auch, dass der Papst den eigenen „Apparat" nicht fest genug in der Hand hatte. Für seine Wahl zum Papst war seinerzeit mitentscheidend, dass die Konklavisten Ratzinger eine gute Kenntnis der Kurie zutrauten, da er ja bereits 24 Jahre lang als Präfekt der Glaubenskongregation in Rom tätig war und einen großen Einblick in die Dikasterien haben müsste. Offensichtlich aber hatte Ratzinger nicht bemerkt, was sich da und dort im Hinter- und Untergrund getan hatte.

Doch so schwer den Papst die Vatileaks-Affäre traf, seine Biographen sind sich einig, dass sie nicht der Hauptgrund für seinen Rücktritt gewesen ist. Der waren wohl Alter und Gesundheitszustand nach acht Jahren eines so aufreibenden Pontifikates.

Was vom Pontifikat Benedikts XVI. bleibt und nicht übersehen werden darf

Durch manche Pannen in seiner Amtsführung war das Vertrauen in Benedikt XVI. in den letzten Jahren in der Medienwelt, aber auch im Kirchenvolk gesunken. Dabei wurde übersehen, welche Wirkung die brillanten Reden auf seinen Besuchsreisen in der ganzen Welt auf intellektuelle Kreise hatten. Politi, der in seinem Buch über Benedikt sonst mit Kritik am Papst nicht spart, legt diese Wirkung in einem eigenen Kapitel *Der Prediger und die Wüste* eindrucksvoll dar. Mir kam dadurch selber erst manches wieder in Erinnerung, und das hat mein Urteil über Benedikt positiv beeinflusst. Die Reden des Papstes zeigen sein unermüdliches Bemühen, die christliche Botschaft mit Wissenschaft, Kultur, Politik und sogar mit dem Atheismus ins Gespräch zu bringen. An einigen Beispielen, die Politi hervorhob, möchte ich das zeigen.

Am 12. September 2008 sprach der Papst in Paris im altehrwürdigen ehemaligen Zisterzienserkloster Collège des Bernardins, das – erst vor kurzem aufwendig restauriert – zu einem renommierten Kulturzentrum der Kirche ausgebaut worden war. Der Papst sprach vor 600 geladenen Gästen, unter ihnen Jacques Chirac und Valery Giscard d'Estaing.[163] Gerade in diesem laizistischen Land sprach Benedikt in einem ehemaligen Kloster. Er meinte, Aufgabe der Mönche sei es nicht, Kultur zu schaffen, sondern Gott zu suchen, einen Gott, der sich im Wort, im Logos geoffenbart hat. Aber im Mönchstum gehöre zur Kultur des Wortes auch eine Kultur der Arbeit. Allerdings solle der Mensch seine Arbeit als Mit-Arbeiten mit dem Schöpfer verstehen und sich von dort das Maß nehmen. Ratzinger weiß, dass für viele Gott zum großen Unbekannten geworden ist. Aber die gegenwärtige Abwesenheit Gottes werde im Stillen von der Frage nach ihm bedrängt. Eine bloß positivistische Kultur, die die Frage nach Gott als unwissenschaftlich abtut, wäre die Kapitulation der Vernunft. Ganz Paris war fasziniert, schreibt Politi.

2009 sprach Benedikt in Prag vor Politikern und Diplomaten, darunter Vaclav Havel.[164] Alle Bereiche der Gesellschaft, ob Religion, Politik oder Kultur, müssten gemeinsam das Ringen um die Freiheit und die Suche nach der Wahrheit in Angriff nehmen. „Europa", so rief er dem Publikum zu, „ist mehr als ein Kontinent. Es ist ein Zuhause." Und bei aller Trennung von Politik und Religion habe das Christentum eine unersetzliche Rolle für die Bildung des Gewissens jeder Generation. Von 16. bis 19. September 2010 war ein Besuch von Großbritannien geplant.[165] Er stand unter denkbar schlechten Voraussetzungen: Wegen der gerade bekannt gewordenen Missbrauchsfälle gab es heftigste Proteste, öffentliche Demonstrationen, ja sogar Drohungen. Papst Benedikt aber blieb gelassen. Als Thema seiner wichtigsten Rede wählte er das Verhältnis zwischen der britischen Demokratietradition und der katholischen Soziallehre, die die Würde des Einzelnen verteidige und die Obrigkeit verpflichte, dem Gemeinwohl zu dienen. Aber wo findet man die Grundlage für politische Entscheidungen, fragte der Papst. Der gesellschaftliche Konsens reiche nicht aus. Im Sinne der katholischen Soziallehre verlangte der Papst eine Rückbesinnung auf objektive Normen, wie sie etwa im Naturrecht enthalten seien. Die Religion habe keine konkreten politischen Lösungen vorzuschlagen, sondern Hilfe zu leisten auf der Suche nach „objektiven moralischen Normen". Aber realistisch wies der Papst darauf hin, dass die „korrigierende Rolle der Religion auf Ablehnung stoßen kann, besonders, wenn die Religionen" – und das beklagte der Papst – „entstellte Formen wie Sektierertum und Fundamentalismus annehmen". Diese Gefahr bestehe immer, wenn die Religion die reinigende und strukturierende Rolle der Vernunft missachte. Die Medien lobten am Ende der Reise, dass der Papst in bescheidener Weise grundlegende Überlegungen dargeboten habe, ohne je laute Töne anzuschlagen.[166]

Am 22. September 2011 sprach Benedikt XVI. in Berlin im Bundestag vor Bundespräsident Christian Wulff und Bundeskanzlerin Angela Merkel.[167] Engagiert sprach er über die Grundlagen der Politik und das Verhältnis von Recht, Gerechtigkeit und Wahrheit. Er warnte vor den Folgen, wenn sich Macht von Recht trennt, und zitierte Augustinus: „Nimm das Recht weg – was ist dann ein Staat noch anderes als eine große Räuberbande?" Und er erinnerte an den 27. Februar 1933, als die Nationalsozialisten den Reichstag in Brand steckten und die Abschaffung der demokratischen Rechte begann. Die furchtbaren politischen Folgen hätten dem warnenden Wort von Augustinus Recht gegeben. Bei seinen Ausführungen über Demokratie stellte der Papst die Frage, ob eine Mehrheit ein hinreichendes Kriterium für Recht sein könne, und forderte als Korrektiv die Achtung von Natur und Vernunft. Erstaunlich war dabei die Erwähnung der ökologischen Bewegung der siebziger Jahre, wo junge Menschen erkannten, „dass irgendetwas in unserem Umgang mit der Natur nicht stimmt"[168]. Der Mensch „macht sich nicht selbst". Er habe eine Natur, die er achten müsse und nicht beliebig manipulieren könne.

Der Papst suchte unermüdlich nach Partnern für einen geistigen, moralischen und menschlichen Dialog. Der Christ könne nicht zufrieden sein, den Glauben zu haben, sondern müsse seine Suche nach Gott im Dialog mit den anderen vertiefen. Und einen solchen Dialog sieht er sogar mit Agnostikern und Atheisten durchaus als sinnvoll und fruchtbar an. Davon wollte er in seiner Weihnachtsansprache im Dezember 2011 auch die römische Kurie überzeugen:[169] Die Kirche müsse diesen Dialog zu ihrer „Herzenssache" machen, ohne sich erschrecken zu lassen. Freilich wollten Agnostiker und Atheisten ihre Freiheit des Denkens und des Wollens nicht preisgeben und auch nicht ein Objekt christlicher Mission werden. Aber die Frage nach Gott bleibe doch auch bei ihnen gegenwärtig. Benedikt sieht es als eine neue Form der Evangelisierung an, dem Menschen zu zeigen, dass die Gottesfrage für ihn wesentlich ist und er sie nicht beiseiteschieben dürfe.

Es ist schade, dass das Pontifikat Benedikts XVI. oft zu schnell nach manchen Pannen, falschen Entscheidungen, der Leitungsschwäche des Papstes oder nach Versäumnissen der Kurie beurteilt wird. Nach der Beschäftigung mit den Reden des Papstes in Zentren der Wissenschaft und Politik komme ich zum Schluss, dass das Hauptverdienst von Benedikt in der geistigen Auseinandersetzung mit einer schon säkular gewordenen Welt besteht. Vor allem ging es ihm um das Verhältnis von Glaube und Vernunft. Nach seiner Auffassung dürfen wissenschaftliche Vernunft und die Frage nach Gott, wie sie von der Religion gestellt wird, nicht getrennt werden. Sie brauchen einander. Das klar zu machen, sieht er fast als eine besondere persönliche Berufung an. Seinem Biographen Seewald gegenüber hat er das so ausgedrückt: „Ich denke, Gott wollte, wenn er schon einen Professor zum Papst machte, dass damit eben dieses Moment der Nachdenklichkeit und gerade das Ringen um die Einheit von Glaube und Vernunft in den Vordergrund komme." [170]

Für die Geschichte scheint es mir wichtig, dieses Pontifikat gerade in dieser Richtung noch viel genauer darzustellen. Das würde nicht nur dem rechten Selbstverständnis der Kirche heute dienen, sondern das hätte auch die große Persönlichkeit Joseph Ratzinger verdient.

Vor allem aber wird im geschichtlichen Rückblick sein Rücktritt vom Amt in Erinnerung bleiben. Er hat damit dem Papstamt einen großen Dienst geleistet, weil er es „vermenschlicht" hat.

Franziskus	Jorge Mario Bergoglio
17. Dezember 1936	Geboren in Buenos Aires (Argentinien)
1958	Eintritt in den Jesuitenorden
13. Dezember 1969	Priesterweihe in Buenos Aires
1973–1979	Provinzial der argentinischen Provinz des Jesuitenordens
1980–1986	Rektor der Theologischen Fakultät von San Miguel
20. Mai 1992	Bischofsweihe (Weihbischof) in Buenos Aires
3. Juni 1997	Ernennung zum Koadjutorerzbischof von Buenos Aires
1998–2013	Erzbischof von Buenos Aires
21. Februar 2001	Erhebung zum Kardinal
13. März 2013	Wahl zum Papst

Franziskus
gewählt 2013

Der Papst, der die Kirche zu
neuem Aufbruch verpflichtet

Mit Papst Franziskus hatte ich noch keinen persönlichen Kontakt, ich fühle mich ihm aber in vielfacher Hinsicht geistig sehr nahe. Er ist Johannes XXIII. ähnlich in seiner Menschlichkeit, Natürlichkeit und in der Entschlossenheit, Neues – auch gegen offenkundigen Widerstand aus der Kurie – in Angriff zu nehmen.

Papst Franziskus ist für mich der dritte Papst, der sich mit den Konzilsaussagen intensiv auseinandergesetzt hat. Johannes XXIII. hat das Konzil mutig ausgerufen, Paul VI. hat es weiter- und mühsam zu Ende geführt. Johannes Paul II. und Benedikt XVI. haben dagegen versäumt, die Erneuerung nach dem Konzil konsequent voranzubringen, ja sie haben auch manches verzögert oder sogar zurückgenommen. Franziskus weist dagegen auf die Versäumnisse hin und drängt zu verwirklichen, was noch fehlt. Mit großer Spannung und voller Hoffnung verfolge ich daher den Kirchenkurs des jetzigen Papstes. Nach so vielen Jahren meines Priesterlebens erweitert Papst Franziskus noch einmal mein Kirchenbild, rechtfertigt mein unermüdliches Bemühen, das Konzil immer wieder in Erinnerung zu bringen, und bestärkt mich, weiterhin aufzuzeigen, was „am Sprung" des Konzils gehemmt und gebremst wurde, und die noch ausstehende Erneuerung anzumahnen.

Papstwahl erst im zweiten Anlauf

Wie bereits dargelegt, soll der argentinische Kardinal Jorge Mario Bergoglio bereits im Konklave 2005 40 Stimmen bekommen, sich aber zugunsten von Ratzinger zurückgezogen haben, um die Spaltung im Kardinalskollegium nicht größer werden zu lassen. Im Konklave von 2013 machte Kardinal Bergoglio dann selbst auf sich aufmerksam durch eine vielbeachtete Rede bei einer Generalkongregation im Vor-Konklave.[171] Mit Leidenschaft rief er die Kirche zu einer Neuevangelisierung auf, wozu sie ihre geschützten Räume verlassen und bis an die „Peripherien" gehen müsse. Mit „Peripherien" meinte Bergoglio nicht nur geographische Ränder, sondern auch existentielle wie jene der Sünde, des Leidens, der Ungerechtigkeit, der Unkenntnis bzw. der Missachtung des Glaubens sowie Randgebiete des Denkens und allen Elends. Gehe die Kirche nicht hinaus, sondern konzentriere sie sich auf sich selbst, werde sie krank. Den Grund für die Missstände in der Institution Kirche im Lauf der Zeit sieht Bergoglio in ihrer Selbstbezogenheit, in einer Art „theologischem Narzissmus".

Als nächsten Papst wünsche er sich deshalb einen Mann, der – von der Kontemplation und der Anbetung Jesu Christi geprägt – der Kirche helfe, aus sich herauszugehen, um den Menschen an den existentiellen Peripherien durch die Verkündigung des Evangeliums Trost und Freude zu bringen.

Am 13. März 2013 wurde Kardinal Jorge Mario Bergoglio, Erzbischof von Buenos Aires, im fünften Wahlgang des Konklaves zum Papst gewählt. Er wählte den Papstnamen Franziskus.

Ein Papst, bei dem vieles anders ist

Als Jorge Mario Bergoglio als neuer Papst die Loggia von St. Peter betrat, war vieles ganz anders als nach früheren Papstwahlen. Er war der erste Papst aus Lateinamerika und meinte scherzhaft: „Meine Mitbrüder, die Kardinäle, sind fast bis ans Ende der Welt gegangen, um ihn zu holen." Nach 182 Jahren war der Papst wieder ein Ordensmann[172], erstmals ein Jesuit, und Bergoglio war auch der erste Papst, der den Namen Franziskus annahm.

Aber das alles hat mich nicht so sehr beeindruckt wie die ersten Worte, die er sprach. Nach einem erstaunlich gelösten „buona sera" sagte Franziskus: „Ihr wisst, es war die Aufgabe des Konklaves, Rom einen Bischof zu geben."[173] Ich war erstaunt und froh, dass er mit keinem Wort das Papstamt erwähnte, sondern das frühchristliche Bild vom Bischof von Rom betonte, der „den Vorsitz der Liebe" gegenüber allen anderen Kirchen führt. Der neu gewählte Papst sieht sein Amt also ganz in diesem Sinn: „Beginnen wir den Weg der Kirche von Rom, die den Vorsitz der Liebe führt gegenüber allen Kirchen: einen Weg der Brüderlichkeit, der Liebe, des gegenseitigen Vertrauens." Ein Bekenntnis zur Ökumene, wie man es bislang noch nie von einem neu gewählten Papst gehört hatte.

Dann fiel mir die schlichte Kleidung auf: nur der weiße Talar, ohne die sonst übliche päpstliche Mozzetta. Schließlich die Betonung seines künftigen Weges: „Bischof und Volk" gemeinsam, wie er es nannte. Er brachte dies auch gleich zum Ausdruck, als er die vielen am Petersplatz Versammelten zuerst um ihren Segen bat, bevor er ihnen den feierlichen päpstlichen Segen erteilte.

Anders als seine Vorgänger zog Franziskus nicht in den päpstlichen Palast ein, sondern nahm sich eine Wohnung in Santa Marta, dem Gästehaus des Vatikans. Dort habe auch ich schon öfter gewohnt. Er wollte unter Menschen sein, nicht allein, sondern leicht erreichbar. In der Kapelle von Santa Marta feiert er auch täglich, so er nicht auswärts ist, die Heilige Messe und predigt, wie ein eifriger Pfarrer es tut. Freilich macht das die Medien neugierig, und seine Worte gaben zu manchen unterschiedlichen Interpretationen Anlass.[174]

Papst Franziskus erklärt die Kirche mit anschaulichen Bildern

Der Papst beschreibt die Kirche mit zum Teil ungewohnten Bildern und bringt dadurch auch zum Ausdruck, wie sie sich erneuern müsste. Diesen Bildern begegnen wir in seinen Ansprachen und Predigten, auf einer sehr persönlichen Ebene im Interview mit dem Jesuiten Antonio Spadaro[175], aber auch in offiziellen Texten wie dem Apostolischen Schreiben *Evangelii gaudium*.

„Das Bild der Kirche, das mir gefällt, ist das des heiligen Volkes Gottes"

Papst Franziskus stellt sich bewusst hinter das neue Kirchenbild des Konzils. Kirche, das ist nicht die Hierarchie, sondern das sind alle Getauften. „Das Volk ist das Subjekt. Und die Kirche ist das Volk Gottes auf dem Weg der Geschichte", sagt der Papst, „denn das Ganze der Gläubigen ist unfehlbar im Glauben." Er nimmt das Wort aus der Kirchenkonstitution des Konzils ernst, wo es heißt: „Die Gesamtheit der Gläubigen, welche die Salbung von dem Heiligen haben, kann im Glauben nicht irren." (*Lumen gentium* 12) So ist auch zu verstehen, dass der Papst vor den beiden Bischofssynoden über Ehe und Familie das „ganze Gottesvolk" befragen ließ. An anderer Stelle gibt er den Bischöfen den Rat, nicht immer nur *vor* der Herde zu gehen, sondern bisweilen auch *hinter* ihr, gleichsam nachzugehen, um zu schauen, wo sie hingeht. „Weil die Herde selbst ihren Spürsinn besitzt, um neue Wege zu finden."[176] Diese Sicht hat eine große Bedeutung für die Wahrheitsfindung in der Kirche. Man kann gespannt sein, welche Auswirkungen das im Pontifikat des jetzigen Papstes noch haben wird.

„Die Kirche ist zu einem neuen ‚Aufbruch' verpflichtet."[177]

Diesen Aufbruch sieht Papst Franziskus in der Hinwendung der Kirche zu einer Neuevangelisierung. Auch heute gelte ja der Auftrag des Auferstandenen: „Geht zu allen Völkern." Die Kirche müsse zu den Menschen *hinaus*gehen, vor allem zu jenen, die am Rande stehen und leiden, mahnt der Papst daher immer wieder und benennt als Grundhaltung für diese Sendung die „Freude am Evangelium".

Freude, das ist überhaupt ein Grundmotiv für Papst Franziskus. So beginnt sein Apostolisches Schreiben *Evangelii gaudium* mit den Worten: „Die Freude des Evangeliums erfüllt das Herz und das gesamte Leben derer, die Jesus begegnen." Es ist eine Freude, die aus der spirituellen Nähe zu Jesus kommt. Franziskus will daher keine Priester mit ernster Miene sehen. Eine der „15 Krankheiten", die er in seiner Weihnachtsbotschaft am 12. Dezember 2014 der Kurie attestierte, ist „eine Trauermiene" aufsetzen. „Der Jünger (Christi) muss höflich, enthusiastisch und glücklich sein und Freude weitergeben, wo auch immer er hingeht."

Möge die Freude des Papstes für möglichst viele in der Kirche „ansteckend" sein.

Alle Strukturen der Kirche müssen missionarischer werden

Papst Franziskus träumt von einer Kirche, „in der die Gewohnheiten, die Stile, die Zeitpläne, der Sprachgebrauch und jede kirchliche Struktur ein Kanal werden, der mehr der Evangelisierung der heutigen Welt als der Selbstbewahrung dient"[178]. Zu Recht macht man heute der Kirche zum Vorwurf, dass sie sich bei allen notwendigen Erneuerungsbestrebungen zu sehr um sich selbst kümmert, als ob sie der Mittelpunkt wäre, und zu wenig um jene, zu denen sie gesandt ist. Von Franziskus sind noch viele Strukturreformen zu erwarten, damit alle Strukturen zu Kanälen für die Evangelisierung werden. Wir erwarten dazu noch konkrete Aussagen vom Papst und der römischen Kurie, und die vielen, oft kritischen Vorschläge von Erneuerungsbewegungen sollten vorurteilsfrei geprüft und wenn möglich auch legitimiert werden.

Eine Kirche im Aufbruch ist eine Kirche mit offenen Türen

Dem Papst sind die „offenen Türen" schon äußerlich ein Anliegen. Er will Kirchen, die immer offen sind, damit niemand, der wieder einmal eine Kirche aufsucht, auf verschlossene Türen stößt. Aber es gibt noch andere Türen, die nicht geschlossen werden dürfen: die Zugänglichkeit zur Gemeinschaft der Kirche oder die Türen zum Empfang der Sakramente. Dem Papst geht es dabei vor allem um den Zugang zur Eucharistie. Obwohl diese die Fülle des sakramentalen Lebens darstelle, sei sie „nicht eine Belohnung für die Vollkommenen, sondern ein großzügiges Heilmittel und eine Nahrung für die Schwachen"[179]. Der Papst sieht darin auch pastorale Konsequenzen und ruft uns auf, sie mit Besonnenheit und Wagemut in Betracht zu ziehen. Gleichzeitig warnt er die Vertreter der Kirche davor, nicht Kontrolleure der Gnade zu sein, sondern deren Förderer. In seiner bilderreichen Sprache setzt er hinzu: „Die Kirche ist keine Zollstation, sondern ein Vaterhaus, wo Platz ist für jeden mit seinem mühevollen Leben." Diese erstaunlich offenen Worte des Papstes fordern heraus, die Pastoral in den Gemeinden neu zu überdenken. Es fehlt noch viel, um den Menschen die Kirche als ein Haus mit weit geöffneten Türen und als „eine Mutter mit offenem Herzen"[180] erleben zu lassen.

Lieber eine „verbeulte" als eine verschlossene Kirche

Der Papst macht uns Mut, in der Sakramentenpastoral Wagemut zu zeigen. Das überrascht, weil man bislang von Rom eher Vorwürfe gewohnt war, wenn rigide Vorschriften aus pastoralem „Mitleid" übertreten wurden. Dem Papst macht die Tatsache, „dass heute so viele unserer Brüder und Schwestern ohne die Kraft, das Licht und den Trost der Freundschaft mit Jesus Christus leben, ohne eine Glaubensgemeinschaft, die sie aufnimmt, ohne einen Horizont von Sinn und Leben"[181], mehr Sorgen als die Furcht, in der Ausübung der Pastoral Fehler zu begehen. Dem Papst ist „eine ‚verbeulte' Kirche, die verletzt und beschmutzt ist, weil sie auf die Straßen hinausgegangen ist, lieber als eine Kirche, die sich aufgrund ihrer Verschlossenheit und ihrer Bequemlichkeit an die eigenen Sicherheiten klammert. – Die ist krank!"[182]

Diese Kirchenbetrachtung wird vielen Mut machen, andere aber zum Widerspruch herausfordern. Wie aber wird der Papst den besorgten „Bewahrern", die sich schon zahlreich gemeldet haben, dieses Kirchenbild erklären?

Die Kirche ist wie ein Feldlazarett

Der Papst sieht die Kirche wie ein Feldlazarett nach einer Schlacht:[183] „Man muss einen Schwerverwundeten nicht nach Cholesterin oder hohem Zucker fragen. Man muss die Wunden heilen. Dann können wir über alles andere sprechen." Aufgabe der Kirche ist es, Wunden zu heilen, das betont der Papst immer wieder. Die organisatorischen und strukturellen Reformen sind für den Papst sekundär. Primär ist der Dienst des Samariters, „der seinen Nächsten wäscht, reinigt, aufhebt. Das ist pures Evangelium!" Der Papst warnt die Rigoristen im Beichtstuhl, aber auch die Laxisten. Was nottut, ist die Menschen zu begleiten, zu heilen: „Gott ist größer als die Sünde." „Der Beichtstuhl darf keine Folterkammer sein, sondern ein Ort der Barmherzigkeit des Herrn, der uns anregt, das mögliche Gute zu tun."[184]

Diese Botschaft von der Barmherzigkeit und dem Heilen sollten nicht nur viele hören, sondern auch im Alltag der Seelsorge erleben. Denn viele Menschen haben sich deshalb von der Kirche getrennt, weil sie von ihr keine Heilung erwarten, sondern eher Vorwürfe und damit neue Verletzungen. Papst Franziskus gibt den Suchenden neue Hoffnung, dass die Kirche unter seiner Leitung menschlicher, barmherziger und eine Gemeinschaft des Heilens werde.

„Ich möchte eine arme Kirche für die Armen."

Schon durch die Wahl des Papstnamens Franziskus hat Jorge Mario Bergoglio gezeigt, dass er eine arme Kirche für die Armen wünscht.[185] Er selbst hat in einem Interview am 16. Mai 2013 erzählt, wie er zu diesem Namen gekommen ist: Als er im Konklave 77 Stimmen bekommen hatte, umarmte ihn der neben ihm sitzende Kardinal Claudio Hummes aus Brasilien und sagte zu ihm: „Vergiss die Armen nicht!"[186] Da kam ihm der Gedanke, sich Franziskus zu nennen, um dadurch seine Verbundenheit mit den Armen zum Ausdruck zu bringen.

In der Tradition der „Option für die Armen" der Kirche in Lateinamerika tritt der Papst fast spektakulär für die Armen ein. Zeichenhaft macht er es in seinem Lebensstil, immer wieder kommt er aber auch in seinen Lehrschreiben darauf zurück. In *Evangelii gaudium* widmet er ein ganzes Kapitel der sozialen Dimension der Evangelisierung:[187] „Aus unserem Glauben an Christus, der arm geworden und den Armen und Ausgestoßenen immer nahe ist, ergibt sich die Sorge um die ganzheitliche Entwicklung der am stärksten vernachlässigten Mitglieder der Gesellschaft." (*Evangelii gaudium* 286) Und mit bewegenden Worten ruft er jeden Christen und jede christliche Gemeinschaft auf, „gemeinsam mit Gott auf den Schrei der Armen" zu hören. Der Kirchenhistoriker Josef Gelmi zeigt in seinem Franziskus-Buch deutlich und kritisch das Verhältnis der Kirche und besonders der Päpste zu Geld und Reichtum in der Geschichte auf und nennt den Einsatz des jetzigen Papstes für eine Kirche der Armen einen „Quantensprung, wie ihn die Papstgeschichte noch nicht erlebt hat"[188].

Und doch ist die Kirche als weltumspannende Institution auf einen entsprechenden Finanzhaushalt angewiesen, um ihre Aufgaben erfüllen zu können. Tragisch ist nur, dass es bis jetzt weder Benedikt XVI. noch Papst Franziskus gelungen ist, die notwendige Finanzverwaltung im Vatikan von Fehlleistungen freizumachen.

Römische Ämter sind Einrichtungen des Dienstes

Im schon mehrfach zitierten Interview mit P. Antonio Spadaro SJ fragt dieser den Papst: „Was denken Sie von den römischen Dikasterien?" – Dikasterien, das sind die römischen Kongregationen, die Räte und Ämter, also die gesamte Kurie. – Der Papst antwortete: „Die römischen Dikasterien stehen im Dienst des Papstes und der Bischöfe. Es sind Einrichtungen des Dienstes. Sie sind Vermittler und nicht autonom."[189] Damit wird eine besonders heikle Frage der Kirchenleitung angesprochen.

In meinem langen Priester- und Bischofsleben habe ich mehrfach Spannungen zwischen dem jeweiligen Papst und der Kurie erlebt. Es scheint, als müsse die Kurie die Kirche vor allzu großen Neuerungen schützen, damit sie ihre Identität nicht verliere. So hatte Johannes XXIII. das Konzil im Widerstand zu vielen in der Kurie einberufen. Ich erlebte es damals persönlich in Rom, wie konservative vatikanische Kreise in ihrem Sinne Einfluss auf das Konzil nehmen wollten. Und nach dem Konzil haben römische Stellen versucht, die Erneuerung der Kirche wieder zu „bremsen". In meinem Buch „Im Sprung gehemmt" habe ich das ausführlich dargelegt und dafür Rügen aus Rom bekommen.

Papst Franziskus erfährt heute zunehmend Kritik an seinem Kirchenkurs von engsten Mitarbeitern aus der Kurie. Marco Politi hat das in seinem Buch *Franziskus unter Wölfen. Der Papst und seine Feinde* sehr anschaulich dargestellt.[174] Wie sehr dieser Widerstand den Papst trifft, hat wohl seine Weihnachtsansprache am 22. Dezember 2014 gezeigt, in der er die Kurie zu einer Gewissenserforschung aufrief und ihr 15 Krankheitssymptome vorhielt. Freilich hatte man das sofort zu mildern versucht und gesagt, der Papst habe dies allgemein gemeint. Aber die unmittelbaren Adressaten waren doch die Kurienmitarbeiter.

In meinen 40 Bischofsjahren habe ich erlebt, dass die römischen Ämter sehr bemüht sind um die Wahrung ihrer Positionen und in der Regel den jeweiligen Papst „überleben". Eine tief greifende Kurienreform ist noch keinem der letzten Päpste gelungen. Papst Franziskus sagte im Interview, dass die römischen Dikasterien im Dienst der Bischöfe stünden. Wir dagegen fühlten uns oft eher als „Diener" mancher Zentralstellen. Franziskus zeigte sich beispielsweise erstaunt, wie viele Anzeigen es in Rom wegen „Mangel an Rechtgläubigkeit" gibt. Das sollten seiner Meinung nach die Bischofskonferenzen selbst untersuchen und gegebenenfalls dazu Hilfe von Rom bekommen: „Die Dikasterien sind Vermittler und nicht autonom."[191]

Der weibliche Genius ist notwendig für die Kirche

Papst Franziskus klagt, dass es in der heutigen Kirche zu wenige Räume für eine wirkungsvolle Präsenz der Frau gibt. „Die Kirche kann nicht sie selbst sein ohne Frauen und deren Rolle. Die Frau ist für die Kirche unabdingbar."[192] Der weibliche Genius sei nötig an den Stellen, wo wichtige Entscheidungen getroffen werden. „Man muss noch mehr über eine gründliche Theologie der Frau arbeiten." Der Kirchenhistoriker Josef Gelmi wundert sich über solche Worte aus dem Munde eines Papstes und meint, sollten sie umgesetzt werden, „könnte ein neues Zeitalter der Kirchengeschichte anbrechen"[193].

Aber obwohl der Papst immer öfter betont, wie wichtig Frauen in der Kirche sind, erläutert er nicht deutlich, wie er das meint. Zuletzt sagte er sogar, dass das Denken der Frau in der Kirche wichtiger sei als ihre Stellung oder ihr Amt. Aber wie kann sie ohne Funktionen Einfluss nehmen? Jedenfalls hat der Papst eine Kommission eingesetzt, die über das Diakonenamt der Frau in der Geschichte nachforschen soll.

Papst Franziskus will das Konzil weiterführen

Zum Auftakt des Heiligen Jahres der Barmherzigkeit am 8. Dezember 2015 hat der Papst besonders deutlich auf den Abschluss des Zweiten Vatikanischen Konzils vor 50 Jahren hingewiesen. Er rief die katholische Kirche auf, sich im Geist des Konzils noch mehr für die Welt zu öffnen.[194] In seinem Regierungsstil macht er daher auch unmissverständlich darauf aufmerksam, welche Erneuerungen noch ausstehen.

Innerkirchlich vermisst Papst Franziskus nach dem Konzil vor allem die Verwirklichung der Synodalität. Dieses Prinzip hat die römische Kirche ab dem zweiten Jahrtausend vernachlässigt, während es die Ostkirche beibehalten hat. Auf dem Ersten Vatikanischen Konzil wurde der Jurisdiktionsprimat des Papstes definiert, aber über die Stellung des Bischofskollegiums zum Papst konnte wegen des Abbruchs des Konzils nicht mehr beraten werden. Das geschah dann beim Zweiten Vatikanischen

Konzil, aber bis heute hat das im Leben der Kirche zu wenig Folgen gezeigt. Der Papst verlangt nun: „Man muss gemeinsam gehen: Volk, Bischöfe, Papst. Synodalität muss auf verschiedenen Ebenen gelebt werden."[195] Das hat auch eine ökumenische Bedeutung, denn von unseren orthodoxen Brüdern „kann man noch mehr den Sinn der bischöflichen Kollegialität und die Tradition der Synodalität lernen". Der Papst spricht die Probleme nicht nur an, sondern setzt auch Schritte, um die Synodalität auf den einzelnen Ebenen zu verbessern.

Die Bischofssynode

Die Bischofssynoden hat Papst Paul VI. 1965 durch ein Motu proprio *Apostolica sollicitudo* eingerichtet. In bestimmten Abständen sollten Vertreter aller Bischofskonferenzen konkrete Themen behandeln. Bisher gab es 13 ordentliche und zwei außerordentliche Synoden. Die Bischöfe formulierten Resolutionen, der Papst entschied jeweils in einem nachsynodalen Schreiben darüber. Die Erfahrungen mit einer so wichtigen Einrichtung der Synodalität waren aber vielfach negativ. Reformvorschläge aus dem Weltepiskopat gingen in langwierigen Diskussionen immer wieder unter, und das nachsynodale Schreiben brachte kaum einen Fortschritt. Papst Franziskus will nun die Methode der Synoden verändern, „denn die derzeitige scheint mir statisch"[196]. Er hat dies bereits in den beiden Synoden über Ehe und Familie beispielhaft gezeigt. Vor Beginn wurde sogar das Kirchenvolk befragt, nach der ersten Synode gab es einen sehr ausführlichen Bericht, und der Papst machte sich im nachsynodalen Schreiben *Amoris laetitia* die ausführlichen und oft auch kontroversiellen Aussagen zu eigen und gab zum Thema Ehe und Familie eine erstaunlich lebensnahe zukunftsweisende Deutung ab.

Die Bischofskonferenzen

Bei aller Eigenständigkeit der Diözesanbischöfe leisten die Bischofskonferenzen „vielfältige und fruchtbare Hilfe, um die kollegiale Gesinnung zu konkreter Verwirklichung zu führen"[197]. So wollte es das Konzil. Aber Papst Franziskus bemerkt kritisch, dass sich dieser Wunsch nicht völlig erfüllt hat, „denn es ist noch nicht deutlich genug eine Satzung der Bischofskonferenzen formuliert worden, die sie als Subjekte mit konkreten Kompetenzbereichen versteht, auch einschließlich einer gewissen authentischen Lehrautorität"[198]. Franziskus ist dies schon deshalb wichtig, weil er offenbar künftig im Rahmen einer allgemeinen Dezentralisierung den Bischofskonferenzen auch in rechtlichen Fragen und in der Sakramentenpastoral größere Selbstverantwortung zuschreiben will.

Ortskirchen

In *Evangelii gaudium* greift der Papst auf die Aussagen des Konzils über die Bedeutung der Ortskirchen zurück.[199] In der Diözese ist die Kirche an einem Ort der Welt als „die eine, heilige, katholische und apostolische Kirche Christi wahrhaft gegenwärtig". Und er fordert die Teilkirchen auf, „in einen entschiedenen Prozess der Unterscheidung, der Läuterung und der Reform einzutreten"[200]. Diese Eigenverantwortung macht noch einmal deutlich, dass die römischen Ämter den Diözesen Hilfe und Dienst zu leisten haben statt zentralistischer Reglementierung. Freilich wird es hier auch darauf ankommen, dass der Papst solche Priester zu Diözesanbischöfen ernennt, die zu dieser selbstständigen Leitung fähig und auch willens sind.

Zwischenbilanz nach drei Jahren des Pontifikates von Papst Franziskus

Diese Bilanz kann nur sehr oberflächlich und lückenhaft sein, da uns der Papst fast täglich mit neuen Äußerungen „überrascht" und unerwartete Zeichen und Gesten setzt. Doch lässt sich schon einiges festmachen, anderes aber bleibt offen, und man erwartet weitere, klärende Schritte.

Was deutlich wurde

Über dem ganzen Pontifikat steht die Betonung der Barmherzigkeit Gottes. Diese ist nicht nur ein wesentlicher Akzent der Verkündigung, sondern auch Richtschnur kirchlichen und pastoralen Handelns. Wenn der Papst die Menschen immer wieder ermutigt, auf die Barmherzigkeit Gottes zu hoffen, dann muss die Kirche Gottes Barmherzigkeit auch immer wieder erleben lassen.

In der Pastoral geht es um den je einmaligen Menschen. Nicht der objektive Tatbestand rechtfertigt ein Urteil, sondern das Hinschauen auf die konkrete Situation. „Wenn einer Gott sucht und ihm nahe sein will, wie kann ich ihn dann verurteilen?", hat der Papst wiederholt gesagt. Die Kirche braucht „den Blick der Nähe, um den anderen anzuschauen, gerührt zu werden und vor ihm Halt zu machen, sooft es nötig ist"[201]. Die Kirche muss die Seelsorger in die „Kunst der Begleitung" einführen, um sich mit dem jeweils Anvertrauten gemeinsam auf den Weg zu machen. Eine Zuwendung, „die zugleich heilt, befreit und zum Reifen im christlichen Leben ermuntert"[202]. Und in der Predigt müsse zuerst die Botschaft vom Heil kommen, erst dann Katechese und moralische Konsequenzen.[203]

Gerade in den beiden stattgefundenen Synoden über Ehe und Familie wurde deutlich, wie groß bei vielen Fragen und Problemen der Unterschied in den einzelnen Kulturkreisen ist. Ganz im Sinne der auch sonst immer wieder betonten Dezentralisierung wird der Papst künftig den Bischofskonferenzen und Ortskirchen noch viel mehr Eigenverantwortung übertragen müssen. Eine Herausforderung, der sich die Bischöfe künftig nicht entziehen dürfen, der sie aber auch nur gerecht werden können, wenn sie ihre Verantwortung mit jenen im Gottesvolk teilen, die ihnen aufgrund ihrer Lebens- und Glaubenserfahrung die Zeitumstände und auch den heutigen Menschen deuten helfen.

Was angedeutet, aber noch weitgehend offen ist

Nach Meinung des Papstes seien viele kirchlich geschlossene Ehen ungültig. Er sagt, „die herrschende ‚Kultur der Vorläufigkeit' macht es unmöglich, sich bewusst und verantwortlich ein Leben lang im Sakrament der Ehe zu binden."[204] Priester sollen in vorehelicher Gemeinschaft zusammenlebende Partner nicht zur Ehe drängen, auch wenn schon ein Kind unterwegs ist, sondern sie seelsorglich begleiten. Nun stellt sich aber die Frage, welchen Status diese Paare einstweilen in der Gemeinde einnehmen. Dürfen sie Ämter übernehmen, etwa im Pfarrgemeinderat oder als Paten? Können sie Religionsunterricht erteilen und vor allem: Dürfen sie zu den Sakramenten gehen? Wer entscheidet darüber? Sind wirklich so viele Ehen ungültig? Viele Betroffene werden sich wehren, wenn man ihnen die Fähigkeit abspricht, sich dauerhaft zu binden. Wenn die Annahme des Papstes stimmt, dann könnten viel mehr Ehen als bisher annulliert und nachher Zweitehen kirchlich geschlossen werden. Der Papst hat ja erst kürzlich den rechtlichen Vorgang für die Annullierung erleichtert. Aber ist das der richtige Weg für eine erneuerte Pastoral an wiederverheirateten Geschiedenen im Sinn der beiden Synoden?

Ein zweites Thema: Was meint der Papst mit der Forderung einer größeren Präsenz der Frauen in der Kirche? Er hat eine Kommission zur Untersuchung der Frage der Diakoninnen in der Urkirche eingesetzt. Ob diese noch Neues über die schon bekannten Tatsachen hinaus erbringen wird? An anderer Stelle aber meinte der Papst, dass ihm die Funktion, die eine Frau innehabe, weniger wichtig erscheine als ihr Denken. Wo und wie kann sie dieses aber einbringen?

Eine dritte Frage: Wie geht es mit der Piusbruderschaft weiter? Schon Benedikt XVI. ist mit seinem weitgehenden Entgegenkommen gescheitert. Papst Franziskus hat nun den Piusbrüdern im Jahr der Barmherzigkeit die Beichtjurisdiktion wieder zugesprochen, und am 2. Juli 2016 wurden in Zaitzkofen bei Regensburg mit Zustimmung Roms Priester der Bruderschaft geweiht. Gleichzeitig betont Fellay, der Obere der Priesterbruderschaft, eine Einheit mit Rom könne nicht gelingen „ohne die Unterstützung eines Papstes, der für die Rückkehr der heiligen Tradition steht"[205]. Und wo gibt es die vom Papst immer wieder urgierte volle Zustimmung der Piusbrüder zum Konzil?

Und schließlich: In einer Pressekonferenz auf dem Rückflug von seiner Reise nach Armenien hat der Papst verlangt, die katholische Kirche sollte sich für die bisherige Ausgrenzung von Homosexuellen entschuldigen. Zugleich betonte der Papst aber, die Kirche müsse sich auch bei Armen und bei ausgebeuteten Frauen und Kindern entschuldigen und ebenso dafür, dass sie Waffen gesegnet habe.[206] In welcher Form soll dies aber geschehen?

Auf der Bischofssynode über Ehe und Familie hat die deutsche Sprachengruppe unter der Leitung von Kardinal Schönborn in ihrer Relatio dafür ein bemerkenswertes Beispiel gesetzt. Ihr war folgendes Bekenntnis wichtig: „Im falsch verstandenen Bemühen, die kirchliche Lehre hochzuhalten, kam es in der Pastoral immer wieder zu harten und unbarmherzigen Haltungen, die Leid über Menschen gebracht haben, insbesondere über ledige Mütter und außerehelich geborene Kinder, über Menschen in vorehelichen und nichtehelichen Lebensgemeinschaften, über homosexuell orientierte Menschen und über Geschiedene und Wiederverheiratete. Als Bischöfe unserer Kirche bitten wir diese Menschen um Verzeihung!" In der Schlussrelatio der Synode wurde viel von der deutschen Sprachgruppe zitiert, diese Bitte um Verzeihung aber ausgeklammert. Was war der Grund dafür?

An manchen Äußerungen des Papstes gibt es zunehmend Kritik, etwa aus vatikanischen Kreisen, zuletzt aber auch von dem anerkannten deutschen Philosophen Robert Spaemann in der *Deutschen Tagespost*. Er behauptet, der Papst habe durch unklare Aussagen in *Amoris laetitia* die Kirche schwer belastet. Weiters sagte er, der Papst führe die Kirche in ein Chaos. Wird der Papst selber dazu Stellung nehmen oder einer seiner Sprecher? Warum gibt es bei so offen geäußerter Kritik nicht mehr Bischöfe, die dem Papst für seine weiterführenden Aussagen danken und ihm helfen, sie noch zu vertiefen?

Bleibt die Lehre unveränderlich – oder doch nicht?

Kritiker werfen dem Papst vor, dass er bei seinen oft überraschenden, neuen Äußerungen die traditionelle Lehre verlässt. Er selbst aber will die Lehre nicht ändern, sondern sucht pastorale Lösungen für den Einzelfall. Freilich erhebt sich dabei die Frage, wie weit Lehre und Praxis auseinanderdriften dürfen. Ich wundere mich, dass der Papst nicht auch die Lehre ändert, wenn die Kirche insgesamt und vor allem durch die gewissenhafte Arbeit der Theologie zu neuen Erkenntnissen gekommen ist. Der Papst selbst hat ja auch darauf hingewiesen, dass „die Lehren der Kirche – dogmatische und moralische – nicht alle gleichwertig sind"[207]. Dies trifft beispielsweise für die Aussagen über die Empfängnisverhütung in *Humanae vitae* zu oder auch für den so rigorosen Ausschluss wiederverheirateter Geschiedener in *Familiaris consortio*. Nach den Synoden über Ehe und Familie meinte der Papst, beide päpstlichen Dokumente müssten „wiederentdeckt" werden. So, wie es dort steht, oder auch im Sinne eines Weiterdenkens? Hier klar zu sprechen, wäre so notwendig, um eine größere Übereinstimmung in der Pastoral zu erreichen, aber auch um der inzwischen weiterentwickelten theologischen Forschung die nötige Autorität zu verleihen.

Was Papst Franziskus mich besonders lehrte

Jorge Mario Bergoglio lehrte mich, die Kirche in neuen Bildern zu sehen. Durch ihn bekam das Papstamt für mich ganz neue Dimensionen. Es wurde aber auch mein Blick auf den je einmaligen Menschen geschärft, die Ehrfurcht vor ihm vertieft und mir Hilfe gegeben, Gott in jedem Menschen immer wieder neu zu finden.

In einer Passage des Interviews mit P. Spadaro hilft mir der Papst, sein Wirken mit seinen eigenen Worten zu interpretieren und Bilanz über sein bisheriges Pontifikat zu ziehen:

„Wenn der Christ restaurativ ist, ein Legalist, wenn er alles klar und sicher haben will, dann findet er nichts. Die Tradition und die Erinnerung an die Vergangenheit müssen uns zu dem Mut verhelfen, neue Räume für Gott zu öffnen. Wer heute immer disziplinäre Lösungen sucht, wer in übertriebener Weise die Sicherheit in der Lehre sucht, wer verbissen die verlorene Vergangenheit sucht, hat eine statische und rückwärtsgewandte Vision. Auf diese Weise wird der Glaube eine Ideologie unter vielen. Ich habe eine dogmatische Sicherheit: Gott ist im Leben jeder Person. Gott ist im Leben jedes Menschen. Auch wenn das Leben eines Menschen eine Katastrophe war, wenn es von Lastern zerstört ist, von Drogen oder anderen Dingen: Gott ist in seinem Leben. Man kann und muss ihn in jedem menschlichen Leben suchen. Auch wenn das Leben einer Person ein Land voller Dornen und Unkraut ist, so ist doch immer ein Platz, auf dem der gute Samen wachsen kann. Man muss auf Gott vertrauen.“[208]

Als Priester habe ich sieben Päpste erlebt, von Pius XII. bis Franziskus. Wie unterschiedlich waren sie, wie sehr haben sie jeweils die Kirche geprägt und auch verändert! Ich bin dankbar, in einer so bewegten Zeit der Kirche Priester und Bischof sein zu dürfen. Papst Franziskus hat mir trotz meines vorgerückten Alters noch einmal neue Freude an der Kirche und am Wirken Gottes geschenkt.

Anmerkungen

Pius XII.

1 J. Ratzinger, *Das neue Volk Gottes*. Entwürfe zur Ekklesiologie, Düsseldorf 1969, vor allem 99ff.

2 *Lumen gentium*, 8,2.

3 Mehr dazu bei: J. Bärsch, *Überlebensnotwendig*. Liturgie unter der NS-Diktatur, in: ders., *Kleine Geschichte des christlichen Gottesdienstes*, Regensburg 2015, 164ff.

4 Ebd., 167.

5 H. Küng, *Sieben Päpste*. Wie ich sie erlebt habe, München 2015, 25.

6 A. Spadaro, *Das Interview mit Papst Franziskus*, Freiburg–Basel–Wien 2013, 73.

7 Der genaue Wortlaut auf Latein und Deutsch in: A. Fenzl (Hg.), *Franz Jachym*. Eine Biographie in Wortmeldungen, Wien–München 1985, 94.

8 Mehr dazu schrieb der damalige Sekretär von Erzbischof Jachym Msgr. Viktor Kollars in: ebd., 466ff.

9 So beschreibt dies mit weiteren Details I. Schödl, *Vom Aufbruch in die Krise*. Die Kirche in Österreich ab 1945, Innsbruck–Wien 2011, 62f.

10 Ebd., 64.

11 R. Kirchschläger, in: D. Squicciarini, *Die Apostolischen Nuntien in Wien*, Libreria Editrice Vaticana ²2000, 14f.

12 K. H. Neufeld, Artikel *Humani generis*, in: *Lexikon für Theologie und Kirche*, Bd. 5, 1996, 318.

13 Details über seinen Tod bei G. Schwaiger, *Papsttum und Päpste im 20. Jahrhundert*. Von Leo XIII. zu Johannes Paul II., München 1999, 306ff., sowie bei H. Küng, *Sieben Päpste*, 50f.

Johannes XXIII.

14 Genaues darüber bei M. Roncalli, *Heiterkeit, die von Gott kommt*. Johannes XXIII., der heilige Papst, Würzburg 2014, 115f. Marco Roncalli ist ein Neffe des Papstes, der viel aus dessen Tagebüchern zitiert.

15 Mehr dazu in H. Krätzl, *Das Konzil – ein Sprung vorwärts*. Ein Zeitzeuge zieht Bilanz, Innsbruck ²2012, 12ff., mit Verweis auf G. Alberigo, *Die Ankündigung des Konzils*, in: G. Alberigo / K. Wittstadt (Hg.), *Geschichte des Zweiten Vatikanischen Konzils 1959–1965*, Mainz 1997, Bd. 1, 1ff.

16 Alberigo, 1.

17 Ebd., 7.

18 H. Gaisbauer, *Ruhig und froh lebe ich weiter*. Älter werden mit Johannes XXIII., Wien ⁵2011, 138.

19 A, Riccardi, *Die turbulente Eröffnung der Arbeiten*, in: G. Alberigo / K. Wittstadt (Hg.), *Geschichte des Zweiten Vatikanischen Konzils*, Mainz 2002, Bd. 2, 18.

20 M. Roncalli beschreibt dies ausführlich in: *Heiterkeit*, 172ff.

21 Ebd., 193.
22 Ebd., 174.
23 Ebd., 191.
24 Ebd., 199.
25 Ebd., 205.
26 G. Schwaiger, 343.
27 H. Krätzl, *Im Sprung gehemmt*. Was mir nach dem Konzil noch alles fehlt, Mödling ⁴1999.
28 Das berichtet H. Küng, *Sieben Päpste*, 90.
29 Hubert Gaisbauer, geb. 1939 in Linz, arbeitete von 1963 bis 1999 für den ORF, ab 1989 leitete er die ORF-Abteilung Religion im Hörfunk. Er hat zwei Bücher über Papst Johannes XXIII. verfasst: *Ruhig und froh lebe ich weiter*. Älter werden mit Johannes XXIII., Wien ⁵2011, und: *Ein Heiliger kann jeder werden*. Lebendig glauben mit Johannes XXIII., Innsbruck–Wien 2014.
30 H. Krätzl, … *und suchen dein Angesicht*. Gottesbilder – Kirchenbilder, Wien 2010.
31 H. Krätzl, *Brot des Lebens*. Mein Weg mit der Eucharistie, Innsbruck–Wien 2014.

Paul VI.

32 Näheres dazu in: J. Ernesti, *Paul VI*. Die Biographie, erweiterte Neuausgabe des 2012 erschienen Buches „Paul VI. Der vergessene Papst", Freiburg i. Br. 2015, 72ff.
33 Ebd., 93.
34 Zit. bei Ernesti, 96.
35 Ebd., 97f.
36 Ausführlich darüber in: H. Krätzl, *Neue Freude an der Kirche*, Innsbruck–Wien ²2002, 86ff.
37 Ebd., 90.
38 Ich habe in früheren Büchern schon mehrmals eingehend darüber geschrieben, erstmals in: *Im Sprung gehemmt*, 172–175, noch ausführlicher in: *Das Konzil – ein Sprung vorwärts*, 23–28.
39 Genauer Hergang in: Krätzl, *Das Konzil*, 26.
40 Näheres in: Krätzl, *Im Sprung gehemmt*, 173.
41 J. Ratzinger im Kommentar zu *Dei Verbum*, Artikel 9, in: *Lexikon für Theologie und Kirche*. Das Zweite Vatikanische Konzil, Teil II, Freiburg–Basel–Wien 1967, 526.
42 Den historischen Hergang gibt wieder und kommentiert J. Ratzinger in: *Lexikon für Theologie und Kirche*. Das Zweite Vatikanische Konzil, Teil I, 348ff.
43 Ebd., 349.
44 Krätzl, *Das Konzil*, 25.
45 Dazu mehr in: Krätzl, *Im Sprung gehemmt*, 176–178.
46 Vgl. dazu Helmut Fox, *Das alternative Dokument*. Humanae vitae – wie es hätte werden können, in: IMPRIMATUR 1/1992, 8–14. – Fox war Professor für Theologie an der Universität Koblenz-Landau und hat in diesem Artikel die Vorbereitungsarbeiten für *Humanae vitae* rekonstruiert. An seine Darlegungen werde ich mich im Folgenden halten.

47 Diese Meinung vertrat Prof. Dr. Norbert Martin, Soziologe, in einer Fernsehsendung in K-TV am 7. November 2015.

48 Ernesti, 268f.

49 *Gaudium et spes*, Artikel 49.

50 Ernesti, 281.

51 Wie sehr das den Papst berührte, beschreibt Ernesti ausführlich und einfühlsam, siehe 276ff. – Die Mariatroster Erklärung ist dokumentiert im Wiener Diözesanblatt Nr. 10 vom 1. Oktober 1968.

52 Mehr darüber in: H. Krätzl, *Mein Leben für eine Kirche, die den Menschen dient*, Innsbruck–Wien ³2012, 66f.

53 Zitiert ebd., 67.

54 Dazu mehr in: Krätzl, *Im Sprung gehemmt*, 182f.

55 Ausführliche Beschreibung bei Ernesti, 102ff.

56 Ebd., 145.

57 So deutet es Ernesti, 204.

58 Ebd., 205, mit Quellenangabe.

59 Ebd., 139f., mit Quellenangaben.

60 Ebd., 140.

61 Ebd., 234.

62 Zitiert in: *Kardinal König. Glaube ist Freiheit. Erinnerungen und Gedanken eines Mannes der Kirche. Gespräche mit Yvonne Chauffin*, Wien 1981, 57.

63 Ebd., 58.

64 *Gaudium et spes*, Artikel 19.

65 Details dazu sind dem Kardinal König Archiv in Wien zu entnehmen, seine Leiterin, Dr. Annemarie Fenzl, hat daraus Auskünfte erteilt. Vgl. dazu auch ihren Vortrag: *Kardinal König und Kardinal Mindszenty – die Ostpolitik des Vatikans* (unveröffentliches Manuskript).

66 Ernesti, 340.

67 Papst Paul VI., *Ansprache an die Mitglieder des Laienrates* (2. Oktober 1974), Acta Apostolicae Sedis 66, 1974, 568.

68 *Evangelii nuntiandi*, Artikel 41.

Johannes Paul I.

69 Schwaiger, 373.

70 Ebd., 376.

71 Küng, *Sieben Päpste*, 176, der dort nicht ohne Stolz auch den besonderen Grund dafür angibt.

72 Schwaiger, 387.

73 Teile dieses Gespräches habe ich in meinem privaten Kalender festgehalten. Aber die Aussagen decken sich fast wörtlich mit den Ausführungen von Schwaiger, 391ff., wo weiterführende Quellenangaben zu finden sind.

74 Schwaiger, 396, mit Berufung auf G. Knopp, *Vatikan. Die Macht der Päpste*, München 1998.

Johannes Paul II.

75 Besonderen Anstoß erregte in Rom mein Buch *Im Sprung gehemmt* aus dem Jahr 1998.

76 H. Küng, *Sieben Päpste*, 188. – Sehr ausführlich schreiben darüber C. Bernstein / M. Politi in: *Seine Heiligkeit. Johannes Paul II. und die Geheimdiplomatie des Vatikans*, München 1996, 191ff.

77 Bernstein / Politi, *Seine Heiligkeit*, 191.

78 Näheres dazu in: ebd., 41f. und 530.

79 Zitiert in: Krätzl, *Das Konzil*, 77.

80 Bernstein / Politi, *Seine Heiligkeit*, 529f.

81 Ebd., 530.

82 Zit. in ebd., 532.

83 *Nostra aetate*, Artikel 1.

84 Bernstein/Politi, *Seine Heiligkeit*, 533.

85 Küng, *Sieben Päpste*, 230.

86 Sehr ausführlich berichten über den Besuch des Papstes und die politischen Auswirkungen Bernstein / Politi in: *Seine Heiligkeit*, 256–277.

87 Zitiert in ebd., 258.

88 Enzyklika *Dives in misericordia* vom 30. November 1980, Artikel 1.

89 Sehr ausführlich in: *Im Sprung gehemmt*, 155–162.

90 Enzyklika *Laborem exercens* vom 14. September 1981, Artikel 9.

91 Ebd., Artikel 25.

92 Mehr darüber Bernstein / Politi, in: *Seine Heiligkeit*, 491ff.

93 Die näheren Umstände und wie ihn das getroffen hat, schildert Küng in: *Sieben Päpste*, 205ff.

94 In dieser Schriftenreihe, die im Verlag Herder erscheint, diskutieren namhafte Theologen aktuelle Fragen. Hier handelt es sich um D. Mieth (Hg.), *Moraltheologie im Abseits?* Antwort auf die Enzyklika „Veritatis splendor" (QD 153), Freiburg ²1994.

95 Johannes Paul II., Nachsynodales Apostolisches Schreiben *Pastores dabo vobis* vom 25. März 1992, Nr. 29.

96 Kardinal Joseph Ratzinger, damals Erzbischof von München, schrieb dies am 8. Dezember 1980 an die Seelsorger seiner Diözese.

97 Johannes Paul II., Apostolisches Schreiben *Familiaris consortio* vom 22. November 1981, Artikel 84.

98 Johannes Paul II., Nachsynodales Schreiben *Christifideles laici* vom 30. Dezember 1988, Artikel 15 und 23.

99 Konzilsdokument *Christus Dominus*, Artikel 37 und 38.

100 Johannes Paul II., Motu proprio *Apostolos suos* vom 31. Mai 1998.

101 Katechismus der Katholischen Kirche, Nr. 11.

102 Die Tagung ist dokumentiert in: E. Schulz (Hg.), *Ein Katechismus für die Welt*. Informationen und Anfragen, Düsseldorf 1994.

103 Der Brief ist dokumentiert in: Krätzl, *Mein Leben*, 71ff.

104 Sehr ausführlich ebd., 49–55.

105 Notizen in meinem privaten Kalender am Samstag, 19. September 1983.

106 Näheres dazu in: Schödl, *Vom Aufbruch in die Krise*, bes. 189f.

107 Näheres ebd., 216f.

108 Ulrich, Bischof von Augsburg, wurde von der Lateransynode am 31. Jänner 993 unter dem Vorsitz von Papst Johannes XV. heiliggesprochen. Das war, soweit nachweisbar, die erste förmliche, durch einen Papst legitimierte Heiligsprechung. – Art. *Ulrich von Augsburg*, in: *Lexikon für Theologie und Kirche*, Bd. 10., Freiburg 2001, Sp. 354.

109 Edition Polis, Anvers, Belgien.

110 A. Ivereigh, *The Great Reformer*, New York 2014.

111 Einer anderen Quelle (Zeit-Online 2015, 41) entnehme ich, dass im ersten Wahlgang Martini neun Stimmen bekommen hatte, sich aber aus gesundheitlichen Gründen zurückzog. Auch Kardinal Bergoglio trat, nachdem er 40 Stimmen bekommen hatte, zurück, um die Spaltung im Kardinalskollegium nicht zu verschlimmern.

Benedikt XVI.

112 J. Ratzinger, *Die erste Sitzungsperiode des Zweiten Vatikanischen Konzils*, 1963. – *Das Konzil auf dem Weg. Rückblick auf die zweite Sitzungsperiode*, 1964. – *Ergebnisse und Probleme der dritten Konzilsperiode*, 1965. – *Die letzte Sitzungsperiode*, 1966.

113 J. Ratzinger, *Zur Frage nach der Unauflöslichkeit der Ehe*, in: F. Henrich / V. Eid (Hg.), *Ehe und Ehescheidung*. Diskussion unter Christen, München 1972.

114 W. Kasper, *Das Evangelium von der Familie*. Die Rede vor dem Konsistorium, Freiburg–Basel–Wien 2014, 74, Anm. 26.

115 Sehr ausführlich in: *Mein Leben*, 138–150.

116 Faksimile dieses Schreibens in ebd., 145.

117 Im Wortlaut in: *Herder-Korrespondenz* 1961/62, 168–174.

118 Zum Ganzen siehe K. Wittstadt, *Perspektiven einer kirchlichen Erneuerung*. Der deutsche Episkopat und die Vorbereitungsphase des II. Vatikanums, in: F. X. Kaufmann / A. Zingerle (Hg.), *Vatikanum II und Modernisierung*, Paderborn 1996, 96f.

119 Das erwähnte Ratzinger anlässlich des Begräbnisses von Kardinal König 2004, wo er das Requiem hielt, in einem Gespräch mit Journalisten.

120 Dokumentiert in: J. Ratzinger, *Das neue Volk Gottes*, Düsseldorf 1969, 267–281.

121 Ebd., 267.

122 J. Ratzinger, *Zehn Jahre nach Konzilsbeginn – wo stehen wir?*, in: ders., *Dogma und Verkündigung*, München 1973, 439–447.

123 *Wort und Wahrheit* 27 (1973), 198.

124 W. Seibel, *Die Deutsche Synode – vergangen und vergessen?* Ein Interview mit P. Andreas Batlogg SJ, in: *Stimmen der Zeit* 1/2011, 13–29.

125 Ebd., 22.

126 J. Ratzinger, *Aus meinem Leben*, Stuttgart 1998, 139.

127 H. Krätzl, *Die neuen geistlichen Gemeinschaften und Bewegungen*, in: ders., *Neue Freude an der Kirche*, 73–76.

128 Dokumentiert in: *Deutsche Tagespost* Nr. 65 vom 28. Mai 1998, 5.

129 Ebd., 5.

130 Ausführlich behandelt in: *Neue Freude an der Kirche*, 185–203.

131 J. Ratzinger, *Brief an die Priester, Diakone und alle im pastoralen Dienst Stehenden*, München, 8. Dezember 1980.

132 Kongregation für die Glaubenslehre, *Schreiben an die Bischöfe der katholischen Kirche über den Kommunionempfang von wiederverheirateten geschiedenen Gläubigen*. Am Ende des Schreibens hieß es, dass Johannes Paul II. es gebilligt und seine Veröffentlichung angeordnet habe.

133 Joseph Kardinal Ratzinger, *Zu einigen Einwänden gegen die kirchliche Lehre über den Kommunionempfang von wiederverheirateten geschiedenen Gläubigen*, 1998.

134 Johannes Paul II., Enzyklika *Veritatis splendor* vom 6. August 1993, Artikel 55 und 56.

135 J. Ratzinger, *Zur Frage nach der Unauflöslichkeit der Ehe*, in: ders., *Gesammelte Werke*, Bd. 4, Bekenntnis – Taufe – Nachfolge, Freiburg 2014, 600–621.

136 Ausführlich darüber M. Politi, *Benedikt. Krise eines Pontifikates*, Berlin 2012, 30ff.

137 Auf Deutsch herausgegeben von Ulrich Winkler und erschienen in den Salzburger theologischen Studien, Band 38, Innsbruck 2010.

138 Vgl. dazu U. Winkler, in: *Salzburger Theologische Zeitung* 19 (2006), der dort auch die Verteidigung Königs dokumentiert.

139 Ebd., 4.

140 Zitiert bei Politi, *Benedikt*, 23.

141 Ebd., 24.

142 Sehr ausführlich habe ich in meinem Buch *Neue Freude an der Kirche*, 204–221, darüber geschrieben und ein Referat vom 26. Jänner 2001 dokumentiert.

143 Siehe oben Seite 134.

144 Vgl. dazu Politi, *Benedikt*, 77.

145 Näheres dazu ebd., 78ff.

146 Ebd., 82.

147 Küng, *Sieben Päpste*, 257.

148 Politi, *Benedikt*, 128.

149 Benedikt XVI., *Licht der Welt. Ein Gespräch mit Peter Seewald*, Freiburg–Basel–Wien. 2010, 123.

150 Vgl. Politi, *Benedikt*, 180.

151 Zur ganzen Problematik sehr ausführlich ebd., 197–233.

152 Küng, *Sieben Päpste*, 282.

153 Politi, *Benedikt*, 202.

154 J. Erbacher (Hg.), *Entweltlichung der Kirche? Die Freiburger Rede des Papstes*, Freiburg–Basel–Wien 2012.

155 Ebd., 34.

156 Vgl. *Gaudium et spes*, 40–44.

157 J. Erbacher im Vorwort seines Sammelbandes *Entweltlichung der Kirche?*

158 So Küng, *Sieben Päpste*, 311.

159 Politi, *Benedikt*, 497f.

160 Ebd., 453f.

161 Politi, *Benedikt*, besonders in den Kapiteln *Irrwege, Allein an der Spitze, Der Prediger und die Wüste*. Politi bringt eine erstaunliche Menge an Details und interpretiert sie. Dafür hatte er als einer der führenden „Vaticanisti", zugleich aber mit deutschen Wurzeln, da seine Mutter Deutsche war, die besten Voraussetzungen.

162　Politi, *Benedikt*, 220.
163　Politi, *Benedikt*, 471ff.
164　Ebd., 479f.
165　Ebd., 476f.
166　Politi, *Benedikt*, zitiert auf S. 477 Richard Owen von der *Times*.
167　Politi, *Benedikt*, 478f.
168　Ebd., 479.
169　Ebd., 481.
170　Politi, *Benedikt*, 469f., zitiert Seewald in seinem Interviewbuch mit Ratzinger *Licht der Welt*.

Franziskus

171　Das Manuskript hat der kubanische Kardinal Jaime Ortega mit ausdrücklicher Erlaubnis von Bergoglio veröffentlicht.
172　Der letzte Ordensmann auf dem Papstthron war 1831 der Kamaldulenser Gregor XVI.
173　Erste Ansprache des Papstes, dokumentiert in: Generalsekretariat der österreichischen Bischofskonferenz, Schriftenreihe „Die österreichischen Bischöfe", Heft 13, 49.
174　Auch Verlage publizieren die Predigten, wie: Papst Franziskus, *Predigten aus den Morgenmessen in Santa Marta*, Freiburg–Basel–Wien 2014.
175　Interview am 19. August 2013. Deutsche Übersetzung: A. Spadaro, *Das Interview mit Papst Franziskus*.
176　*Evangelii gaudium*, 31.
177　Ebd., 20–24.
178　Ebd., 27.
179　Ebd., 47.
180　Ebd., 46.
181　Ebd., 49.
182　Ebd.
183　Spadaro, 47f.
184　*Evangelii gaudium*, 44.
185　J. Gelmi, *Papst Franziskus – eine Revolution von oben* (Topos Taschenbücher 882), Kevelaer 2014, 63.
186　Gelmi, 62.
187　*Evanglii gaudium*, Viertes Kapitel, besonders die Artikel 176–216.
188　Gelmi, 61.
189　Spadaro, 53f.
190　M. Politi, *Franziskus unter Wölfen*, Freiburg–Basel–Wien 2015.
191　Spadaro, 54.
192　Spadaro, 56.
193　Gelmi, 190.
194　Kathpress-Infodienst vom 11. Dezember 2015, 2.
195　Spadaro, 54.

196 Ebd.

197 *Lumen gentium*, 23.

198 *Evangelii gaudium*, 32.

199 Dekret *Christus Dominus* über die Hirtenaufgabe der Bischöfe, 11.

200 *Evangelii gaudium*, 30.

201 Ebd., 169.

202 Ebd.

203 Spadaro, 52.

204 Zitiert in: *Christ in der Gegenwart*, 68. Jg., Nr. 27 vom 3. Juli 2016, 289.

205 Zitiert in: Kathpress-Tagesdienst vom 29. Juni 2016, 12.

206 Zitiert in: *Der Sonntag*. Wiener Kirchenzeitung vom 3. Juli 2016, 5.

207 Spadaro, 51.

208 Ebd., 62.

Literaturverzeichnis

Alberigo, Giuseppe / Wittstadt, Klaus (Hg.), *Geschichte des Zweiten Vatikanischen Konzils 1959–1965*, 2 Bände, Mainz 1997/2002

Bärsch, Jürgen, *Kleine Geschichte des christlichen Gottesdienstes*, Regensburg 2015

Bernstein, Carl / Politi, Marco, *Seine Heiligkeit. Johannes Paul II. und die Geheimdiplomatie des Vatikans*, München 1996

Erbacher, Jürgen (Hg.), *Entweltlichung der Kirche? Die Freiburger Rede des Papstes*, Freiburg–Basel–Wien 2012

Ernesti, Jörg, *Paul VI. Die Biographie.* Erweiterte Neuausgabe des 2012 erschienenen Buches *Paul VI. Der vergessene Papst*, Freiburg–Basel–Wien 2015

Fenzl, Annemarie, *Franz Jachym. Eine Biographie in Wortmeldungen*, Wien–München 1985

Fox, Helmut, *Das alternative Dokument: Humanae vitae – wie es hätte werden können.* In: *IMPRIMATUR 1/1992*

Gaisbauer, Hubert, *Ein Heiliger kann jeder werden. Lebendig glauben mit Johannes XXIII.*, Innsbruck–Wien 2014

Gaisbauer, Hubert, *Ruhig und froh lebe ich weiter. Älter werden mit Johannes XXIII.*, Wien ⁵2011

Gelmi, Josef, *Papst Franziskus – eine Revolution von oben* (Topos Taschenbücher 882), Kevelaer 2015

Henrich, Franz / Eid, Volker (Hg.), *Ehe und Ehescheidung. Diskussion unter Christen*, München 1972

Kasper, Walter, *Das Evangelium von der Familie. Die Rede vor dem Konsistorium*, Freiburg–Basel–Wien 2014

Kaufmann, Franz Xaver / Zingerle, Arnold (Hg.), *Vatikanum II und Modernisierung*, Paderborn 1996

Krätzl, Helmut, *Brot des Lebens. Mein Weg mit der Eucharistie*, Innsbruck–Wien 2014

Krätzl, Helmut, *... und suchen dein Angesicht. Gottesbilder – Kirchenbilder*, Wien 2010

Krätzl, Helmut, *Das Konzil – ein Sprung vorwärts. Ein Zeitzeuge zieht Bilanz*, Innsbruck–Wien ²2012

Krätzl, Helmut, *Im Sprung gehemmt. Was mir nach dem Konzil noch alles fehlt*, Mödling ⁴1999

Krätzl, Helmut, *Mein Leben für eine Kirche, die den Menschen dient*, Innsbruck–Wien ³2012

Krätzl, Helmut, *Neue Freude an der Kirche*, Innsbruck–Wien ²2002

Küng, Hans, *Sieben Päpste. Wie ich sie erlebt habe*, München 2015

Mieth, Dieter (Hg.), *Moraltheologie im Abseits? Antwort auf die Enzyklika „Veritatis splendor"* (Quaestiones disputatae 153), Freiburg–Basel–Wien ²1994

Papst Franziskus, *Predigten aus den Morgenmessen in Santa Marta*, Freiburg–Basel–Wien 2014

Politi, Marco, *Benedikt. Krise eines Pontifikates*, Berlin 2012

Politi, Marco, *Franziskus unter Wölfen*, Freiburg–Basel–Wien 2015

Ratzinger, Joseph, *Aus meinem Leben*, Stuttgart 1998

Ratzinger, Joseph, *Das Konzil auf dem Weg. Rückblick auf die zweite Sitzungsperiode*, Köln 1964

Ratzinger, Joseph, *Das neue Volk Gottes. Entwürfe zur Ekklesiologie*, Düsseldorf 1969

Ratzinger, Joseph, *Die erste Sitzungsperiode des Zweiten Vatikanischen Konzils*, Köln 1963

Ratzinger, Joseph, *Die letzte Sitzungsperiode*, Köln 1966

Ratzinger, Joseph, *Dogma und Verkündigung*, München 1973

Ratzinger, Joseph, *Ergebnisse und Probleme der dritten Konzilsperiode*, Köln 1965

Ratzinger, Joseph, *Zur Frage nach der Unauflöslichkeit der Ehe*. In: *Gesammelte Werke*, Bd. 4, Freiburg–Basel–Wien 2014

Roncalli, Marco, *Heiterkeit, die von Gott kommt. Johannes XXIII., der heilige Papst*, Würzburg 2014

Schödl, Ingeborg, *Vom Aufbruch in die Krise. Die Kirche in Österreich ab 1945*, Innsbruck–Wien 2011

Schulz, Ehrenfried (Hg.), *Ein Katechismus für die Welt. Informationen und Anfragen*, Düsseldorf 1994

Schwaiger, Georg, *Papsttum und Päpste im 20. Jahrhundert*, München 1999

Seibel, Wolfgang, *Die Deutsche Synode – vergangen und vergessen?* Ein Interview mit P. Andreas Batlogg SJ. In: Stimmen der Zeit 1/2011, 13–29

Spadaro, Antonio, *Das Interview mit Papst Franziskus*. Freiburg–Basel–Wien 2013

Squicciarini, Donato, *Die Apostolischen Nuntien in Wien*, Vatikanstadt 1999

Personenregister

König, Franz 12, 21, 23f., 26, 28, 33f., 35, 100, 103
Kothgasser, Alois 136
Kowalska, Maria Faustyna 114
Kreisky, Bruno 98
Krenn, Kurt 124, 129, 131
Küng, Hans 80f., 89, 95, 116, 129, 145, 160, 165
Kunschak, Leopold 12
Kuntner, Florian 108

Lefebvre, Marcel 70, 164f.
Lehmann, Karl 135, 149
Lercaro, Giacomo 54
Liénart, Achille 101
Lubac, Henri de 19
Luthe, Hubert 140
Luyn, Adrian van 136

Macchi, Pasquale 75
Macharski, Franciszek 88, 128
Magee, John 79, 82f.
Manuel II. Palaiologos 161
Martini, Carlo Maria 8, 134ff., 159
Medina Estévez, Jorge Arturo 157
Merkel, Angela 173
Metz, Johann B. 146
Mieth, Dietmar 117
Mock, Alois 107
Montini, Lodovico 75
Moro, Aldo 75
Murphy-O'Connor, Cormac 135

Neufeld, Karl Heinz 27
Nossol, Alfons 8, 88–91, 96, 113, 115, 129, 133

Ottaviani, Alfredo 59

Parsch, Pius 13
Pausillo, Monsignore 74
Pesch, Otto Hermann 122
Pitocchi, Francesco 47
Pius IX. 26f., 44
Pius X. 18f., 26f., 47, 70, 160
Pius XI. 10
Plankensteiner, Thomas 155
Pohier, Jacques 116
Policarpo, José de Cruz 136

Raab, Julius 12, 24, 26
Rahner, Karl 21, 109, 140, 145f.
Ratzenböck, Josef 107
Rauber, Karl-Josef 8, 73, 174
Re, Battista 142
Reuß, Josef Maria 59
Roncalli, Marco 41
Rossi, Opilio 68, 126

Schillebeecks, Edward 116, 152
Schönborn, Chrstoph 108, 122, 142, 154, 194
Schuman, Robert 12
Schutz, Frère Roger 105
Seewald, Peter 162, 175
Seibel, Wolfgang 146
Seier, Oskar 149
Silvestrini, Achille 135
Siri, Giuseppe 80
Slipyi, Joseph 40
Somalo, Eduardo Martínez 124, 126f.
Spadaro, Antonio 20, 180, 195
Spaemann, Robert 194
Squicciarini, Donato 129
Suenens, Léon-Joseph 54
Sumski, Alexander 80

Tardini, Domenico 32f.
Tisserant, Eugène 58
Tissier de Mallerais, Bernard 165
Toaff, Elio 93
Traglia, Luigi 41
Tucci, Roberto 126

Urbani, Giovanni 81

Verschuren, Paul 135f.
Villot, Jean-Marie 74, 76, 80, 82
Villnet, Jean 135f.
Volk, Hermann 75
Vranitzky, Franz 107

Weber, Johann 108, 135f., 155f., 108
Weinbacher, Jakob 23
Williamson, Richard 165f., 170
Wulff, Christian 173
Wyszyński, Stefan 89, 123

Zak, Franz 129, 131
Zefirelli, Franco 71
Zycínski, Josef 88